"十四五"时期国家重点出版物出版专项规划项目

深中通道建设关键技术丛书

广东省重点领域研发计划项目（2019B111105002）

长距离复杂航路下沉管隧道管节拖航关键技术

陈 越　孔维达　钟辉虹　李汪讳　杨福林◎著

人民交通出版社股份有限公司

北 京

内 容 提 要

本书围绕海底沉管隧道管节拖航技术,从不同技术层面模拟拖航全过程以确保其安全可控,并以深中通道沉管隧道S08合同段作为实际工程案例,验证在复杂航路下超长距离管节拖航的安全性和可靠性。

本书可作为近岸海港工程、隧道工程、海洋工程等专业相关人员的学习及参考用书。

图书在版编目(CIP)数据

长距离复杂航路下沉管隧道管节拖航关键技术 / 陈越等著. — 北京:人民交通出版社股份有限公司,2023.8
　ISBN 978-7-114-18665-3

Ⅰ.①长… Ⅱ.①陈… Ⅲ.①沉管隧道—隧道工程—研究 Ⅳ.①U459.9

中国国家版本馆 CIP 数据核字(2023)第 041772 号

Changjuli Fuza Hanglu xia Chenguan Suidao Guanjie Tuohang Guanjian Jishu

书　　名:	长距离复杂航路下沉管隧道管节拖航关键技术
著 作 者:	陈　越　孔维达　钟辉虹　李汪讳　杨福林
责任编辑:	朱明周
责任校对:	赵媛媛　魏佳宁
责任印制:	张　凯
出版发行:	人民交通出版社股份有限公司
地　　址:	(100011)北京市朝阳区安定门外外馆斜街 3 号
网　　址:	http://www.ccpcl.com.cn
销售电话:	(010)59757973
总 经 销:	人民交通出版社股份有限公司发行部
经　　销:	各地新华书店
印　　刷:	北京印匠彩色印刷有限公司
开　　本:	787×1092　1/16
印　　张:	12.75
字　　数:	267 千
版　　次:	2023 年 8 月　第 1 版
印　　次:	2023 年 8 月　第 1 次印刷
书　　号:	ISBN 978-7-114-18665-3
定　　价:	52.00 元

(有印刷、装订质量问题的图书,由本公司负责调换)

丛书编审委员会

总 顾 问：周 伟　周荣峰　王 太　贾绍明
主　　任：邓小华　黄成造
副 主 任：职雨风　吴玉刚　王康臣
执行主编：陈伟乐　宋神友
副 主 编：刘加平　樊健生　徐国平　代希华　潘 伟　吕卫清
　　　　　吴建成　范传斌　钟辉虹　陈 越　刘亚平　熊建波
专家组成员：
　　综合组：
　　　周 伟　贾绍明　周荣峰　王 太　黄成造　何镜堂
　　　郑健龙　陈毕伍　李 为　苏权科　职雨风　曹晓峰
　　桥梁工程组：
　　　凤懋润　周海涛　秦顺全　张喜刚　张劲泉　邵长宇
　　　陈冠雄　黄建跃　史永吉　葛耀君　贺拴海　沈锐利
　　　吉 林　张 鸿　李军平　胡广瑞　钟显奇
　　岛隧工程组：
　　　徐 光　钱七虎　缪昌文　聂建国　陈湘生　林 鸣
　　　朱合华　陈韶章　王汝凯　蒋树屏　范期锦　吴建成
　　　刘千伟　吴 澎　谢永利　白 云
　　建设管理组：
　　　李 斌　刘永忠　王 璜　王安福　黎 侃　胡利平
　　　罗 琪　孙家伟　苏志东　代希华　杨 阳　王啟铜
　　　崔 岗　马二顺

本书编写组

组　　长：陈　越　孔维达　钟辉虹　李汪讳　杨福林

参与人员（以姓氏笔画排序）：

深中通道管理中心

刘　迪　刘　健　许晴爽　芮伟国　张长亮
林子凯　金文良　姜　凡　夏丰勇　席俊杰
黄晓初　彭英俊

广州打捞局

干志诚　马家杰　王阳刚　宁小林　刘志刚
江志彬　池明华　孙世鹏　严绍伟　李冠欢
杨兴群　陈育忠　陈汉冲　钟汉滨　郭鸿斌
魏焕祥

序　言

　　深中通道是集"桥、岛、隧、水下互通"于一体的超大型跨海集群工程,路线全长23.974km,在国内首次大规模应用钢壳混凝土沉管技术,为世界首例双向八车道海底沉管隧道。项目的建成将对粤港澳大湾区经济社会的全面发展产生巨大推动作用。深中通道沉管隧道总长5.035km,分为32节预制管节。广州打捞局与保利长大工程有限公司联合体负责深中通道S08合同段。该标段共9节管节,总长为1.28km,结合施工重难点,进行了长距离复杂航路下沉管隧道管节拖航关键技术的研究与示范应用。

　　深中通道沉管隧道管节沉放具有长距离、大横流、大转向、航道繁忙等技术难点,沉管管节拖航浮运航道长21.3km,拖航浮运期间横跨多个浅滩,横流明显,需要经历4次大转向并穿越多条繁忙航道。长距离受限航道下水流波浪条件复杂,拖航动力作用方向与航道走向、基槽轴向间角度多变,大型沉管管节在复杂水动力条件下的运动响应可能出现随机性和波动性,由此引发的管节晃荡和偏航可能会导致工期延后甚至影响施工安全。本项目沉管管节拖航面临的复杂技术难题,需要结合实际工程条件加以研究解决。为此,技术团队以技术创新为抓手,对管节拖航阻力理论计算与物理模型试验、拖航纠偏运动响应数值分析、湿拖浮运作业仿真、管节下沉量计算和管节实拖浮运演练等内容进行了专题研究。通过专题研究创新了沉管管节拖航技术,提出了复杂航路下沉管管节拖航过程风、浪、流作用运动响应机制,确定了沉管管节和拖轮在不同拖航速度下的拖航阻力,分析了不同海况下管节及沉放驳在环境载荷作用下的偏航位移值,揭示了拖轮纠偏力对管节横向偏航运动的影响及纠偏运动响应,形成了曲线变宽管节浮运、安装模拟技术,确定了拖航过程中管节的下沉量,并通过管节的浮运演练验证了管节拖航方案的可行性与可靠性。相关研究成果已成功应用于深中通道沉管隧道管节的拖航浮运,为管节长距离拖航浮运施工各关键环节提供了支撑,确保了管节拖航的安全和控制精度,取得了良好的经济效益和社会效益,为后续大型沉管隧道管节拖航提供了借鉴和参考。

　　本书围绕深中通道长距离复杂航路下沉管隧道管节拖航技术难题,从不同层面开展了管节拖航技术的攻关,为深中通道沉管隧道的顺利建设提供了技术保障,为完成"建世界一流可持续跨海通道、创珠江口百年门户工程"的建设目标做出了重要的贡献。

中国工程院院士、俄罗斯工程院外籍院士
深圳大学土木与交通工程学院院长
深圳大学未来地下城市研究院院长
矿山深井建设技术国家工程研究中心主任
2023 年 6 月

前　　言

外海沉管隧道施工需要将已预制好的管节由拖航编队拖运至指定海域进行沉放安装。由于海洋环境复杂多变，拖航过程中管节可能受到不同方向海水冲击产生的拖航阻力，可能会发生偏航等事故，从而影响施工进度，甚至造成经济损失。

为保证拖航过程中管节的安全可控，本书采用规范计算、数值模拟、物理模型试验、浮运仿真技术等多种方式研究了拖航编队航行过程中的拖航阻力及在风、浪、流作用下的运动响应机制，提出了风、浪、流产生的横向偏移力对管节造成的偏航效应，分析了拖轮编队对管节的纠偏能力，确定了管节在不同水深下的横、纵断面拖航阻力系数和不同航速下的管节下沉量，为拖航纠偏力、拖轮配置和航道尺度的选取提供依据，并在深中通道沉管隧道进行管节拖航示范应用。

本书共分为8章，以深中通道沉管隧道S08合同段为背景，通过多种方式验证了管节拖航全过程的安全可控。第1章简述了沉管隧道的发展历程和管节拖航的相关工艺；第2章介绍了深中通道沉管隧道段的工程概况和关键技术问题，作为后续研究的背景条件；第3章采用规范公式计算了管节拖航过程中的拖航阻力，并采用缩尺物理模型试验研究了管节拖航过程中的受力模式；第4章在已知拖航阻力特性的基础上，采用数值方法研究了拖航过程中的管节纠偏运动响应；第5章采用仿真技术建立了船舶运动数学模型，对海上拖航全过程进行了仿真模拟分析；第6章根据流体力学模型计算了拖航浮运过程中管节的下沉量，确保了拖航过程中管节下沉量在安全范围内；第7章以深中通道沉管隧道S08合同段部分工程为例进行了示范应用，综合本书中介绍的各种方法，给出了可行的管节拖航方案；第8章对本书所介绍的拖航关键技术进行回顾、总结。

作　者
2023年6月

目 录

第1章 绪论 ··· 1
  1.1 沉管隧道发展历程 ·· 1
  1.2 沉管隧道施工工艺 ·· 2
  1.3 管节拖航浮运工艺 ·· 4
  1.4 技术难点及研究方法 ·· 5
  1.5 本章小结 ··· 6

第2章 深中通道沉管隧道段工程概况 ····································· 7
  2.1 线路概况 ··· 7
  2.2 气象条件 ··· 7
  2.3 拖航航道 ··· 9
  2.4 本章小结 ··· 11

第3章 拖航阻力计算及物理模型试验研究 ······························ 12
  3.1 拖航阻力计算 ·· 12
  3.2 缩尺物理模型试验 ·· 19
  3.3 本章小结 ··· 33

第4章 拖航纠偏运动响应数值分析研究 ································· 35
  4.1 计算方法 ··· 35
  4.2 管节频域水动力分析 ··· 41
  4.3 拖航时域纠偏分析 ·· 48
  4.4 本章小结 ··· 73

第5章 湿拖浮运作业仿真模拟试验研究 ································· 74
  5.1 仿真模型 ··· 74
  5.2 管节浮运作业模拟试验 ·· 90
  5.3 本章小结 ··· 112

第6章 拖航过程中管节下沉量计算 ·· 114
  6.1 管节下沉量计算理论基础 ······································ 114

I

  6.2 管节下沉量分析···116

  6.3 本章小结···128

第 7 章 管节拖航示范应用···130

  7.1 船舶交通量统计分析···130

  7.2 拖带方案···132

  7.3 拖航保障措施···139

  7.4 "黄船030"重载演练···142

  7.5 E32 管节浮运演练···155

  7.6 本章小结···183

第 8 章 总结与展望···185

参考文献···187

第1章 绪　　论

1.1　沉管隧道发展历程

世界范围内的交通工程建设大规模开展,我国交通建设更是走在世界前列,公路桥梁、隧道总里程位居世界第一。同时,我国交通建设逐渐从地上、海上转向地下、水下,海底隧道的修建被提上日程。海底隧道的修建方式很多,包含盾构法、矿山法、沉管法等。其中,沉管法是预制管段,将其浮运至指定位置进行沉放、安装,从而建成水下沉管隧道。沉管隧道起源于19世纪,1810年Charles Wyatt首次在伦敦进行了沉管隧道施工试验,但当时并没有引起广泛关注。沉管法经过近百年才被完善并应用于工程建设中。我国发展此项技术较晚,进入21世纪,海底沉管隧道才在我国推广并得到了迅速的发展。

1893年美国波士顿港内修建的水下管道工程,管道直径2.7m,虽然并没有将沉管法运用到隧道工程中,但其方法和原理完全符合沉管隧道施工技术要求。该工程标志着沉管法正式应用到工程建设中。美国于1910年修建的穿越底特律河的水下双线铁路隧道是世界上首条沉管隧道,其采用了钢壳结构,单节管节长80m。随后,美国于1914年修建了穿越哈莱姆河的纽约地铁隧道,于1928年修建了加利福尼亚州奥克兰和阿拉梅达之间的沉管隧道。1927年,德国弗里德里希港隧道成为欧洲最早的沉管隧道。荷兰于1942年建成了跨越鹿特丹市Nicuwe Mass河的沉管隧道,是一条四车道公路沉管隧道,采用矩形截面钢筋混凝土管节,截面宽24.8m、高8.4m,共9节。该隧道也是全球第一个钢筋混凝土沉管隧道。丹麦于1995年修建的Oresund海底沉管隧道首次采用了工厂化干坞预制管节。与之前的管节预制不同,该沉管隧道采用了全断面浇筑混凝土,可以有效保证预制管节的质量;设置了潜坞与深坞两个干坞区,管节预制完成后将其拉至潜坞区,将水注入潜坞区中,再将管节浮运至深坞区。上述技术的应用,使该隧道成为沉管隧道发展史上的一大突破。博斯普鲁斯沉管隧道位于土耳其,该隧道长达1387m,是连接欧亚大陆的唯一海底隧道,也是目前全球深度最深、施工条件最复杂的海底沉管隧道。亚洲最先应用沉管法修建隧道的国家是日本,于1994年修建了第一条沉管隧道,并在当时的研究基础上加入了更先进的抗震设计来适应当地的特殊地震环境。截至20世纪末,全球沉管隧道已经多达107条,多位于美国、荷兰、日本等地。

相比之下,美国和日本倾向于采用圆形钢壳沉管隧道,而欧洲国家倾向于采用矩形混凝土沉管隧道。除了美国设计师的习惯和经验因素以外,工程环境也是主要原因之一。海湾的水深一般比内河水深大,从受力角度分析,圆形钢壳沉管隧道比矩形混凝土沉管隧道更有利。欧洲多国的沉管隧道修建技术在世界上保持着领先水平,其在混凝土内部安设了供冷却水循环的钢管,以消除温度应力引起的混凝土开裂,同时在接缝防水、抗渗等方面采取了相应的措施,施工工艺、材料也受到严格的把控,以保证施工质量。

我国最早于20世纪60年代开展过沉管法的理论研究。20世纪70年代,香港采用沉管法建成了一座城市道路海底隧道。珠三角地区最早采用沉管工艺修建的水下隧道是1992年底建成的广州珠江隧道。该沉管隧道位于广州市市区,耗时4年完成建设,是内地第一条城市道路与地下铁道共管设置的水下隧道。珠江隧道断面为四孔箱形钢筋混凝土结构,断面宽度为33m,高度为7.9m,沉管段总长457m,由长度分别为105m、120m、120m、90m、22m的5节管节组成。与珠江隧道同期建设的还有宁波甬江隧道,该隧道是国内首个在软土地基上修建的沉管隧道。该隧道共有5节管节,沉管段长度为420m,为单孔双车道。此外,国内比较著名的沉管隧道还有上海外环线沉管隧道,该隧道共有7节管节,全长736m,沉管高9.55m、宽43m,为三孔八车道。该隧道是我国首条成功利用水下接头的沉管隧道,也是国内车道数量最多的沉管隧道。广州仑头隧道是国内首次利用移动干坞预制管节建造的沉管隧道。港珠澳大桥沉管隧道段全长5.6km,由33节巨型管节和1个合龙段最终接头组成,是世界上最长的公路沉管隧道,也是我国第一条外海沉管隧道。

采用沉管法修建隧道大大降低了施工对周围环境的影响,建成后不影响水面航运。随着沉管法的逐渐完善和成熟,沉管法在经济上、技术上的独特优势已使得该工法逐渐成为大型海底隧道工程的首选施工方法。根据国际隧道协会(International Tunnel Association,ITA)的统计,截至2022年全球已建成沉管隧道122座。尽管我国沉管隧道研究和工程应用起步较晚,但发展速度快,前景非常可观,有望进一步发展并跻身于世界前列。

1.2 沉管隧道施工工艺

沉管法是按照隧道的设计形状和尺寸,先在隧址以外的干坞或船台上预制隧道管节,并用临时隔墙封闭两端,然后舾装拖运、定位、沉放等设备,拖运至隧址位置,沉放到预先浚挖好的基槽中,连接起来,充填基础,回填砂石,埋入原河床或海床中。用这种方法修建的隧道称为沉管隧道。

沉管隧道由管节基槽、基础、管段、覆盖层等组成,整体坐于水底。沉管隧道在纵断面上一般由敞开段、暗埋段、沉埋段以及岸边竖井等部分组成。在沉埋段两端常设置竖井作为沉埋段的起点,竖井是沉管隧道的重要组成部分,起到通风、供电、排水和监控等作用。根据两岸地形和地质条件,也可将沉管段与暗埋段直接相接而不设竖井。

沉管隧道施工涉及陆上和水上施工环节,因此必须结合岸上和水上施工的特点进行。沉管隧道工程,均可分为陆上沉管预制、水上运输、沉放接合和保护固定四大部分。只有根据每项沉管隧道工程所处外部环境的不同有针对性地研究和处理好这四大部分,才能确保修建出一条高质量、符合规划和设计要求的沉管隧道。

沉管隧道施工的一般工艺流程如图 1-1 所示。

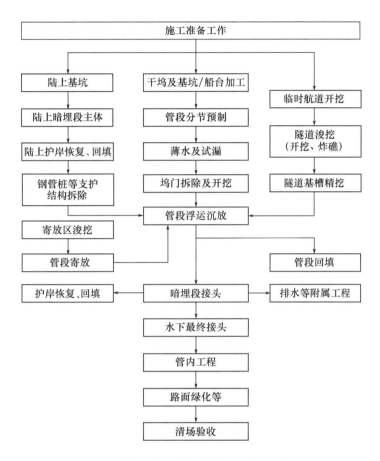

图 1-1 沉管法隧道施工工艺流程图

沉管隧道施工既有水上施工的特点，又有岸上施工的特点；既是市政工程，又与港口、水电工程建设有密切的关系。沉管隧道施工管理复杂，任务繁重，因此要做好施工前期的准备工作。沉管隧道管节一般在干坞预制。干坞按构造形式分为固定干坞和移动干坞两类。其中，固定干坞根据与隧道位置的关系又可以分为轴线干坞和另选位置干坞。水下基槽开挖和基槽内回淤控制处理是管节沉放前的重要工作，其完成质量是沉放成功的保证。基槽开挖达到设计要求后，进行待安管节的舾装，舾装完成之后即可以进行浮运、系泊及沉放施工。管节由拖轮编队拖带离开码头，移出坞口，然后在航道上浮运。旁拖主要提供水流抵抗力，前拖提供管节前进动力。管节沿浮运航道浮运至隧址处，进行浮运系泊，系泊完成后进行管节的沉放对接和锁定回填。

1.3 管节拖航浮运工艺

沉管隧道是当今世界水下隧道建设最主要的方法,其每一项施工工序环环相扣且都非常重要。在大型沉管隧道工程中,管节预制的工期和质量往往会对管节的浮运和沉放施工工序造成直接影响,还会直接影响最终的隧道运营,这是采用沉管法修建隧道的"卡脖子"问题。因此,为了确保管节浮运和沉放工序的有效实施,管节预制需要在临近沉管施工场地的干坞中进行。为了将管节从干坞运送到施工隧址处,海上管节拖航浮运工艺应运而生。由于航道条件、气象、水文等因素都会对管节拖航浮运造成限制,因此,管节拖航浮运是沉管隧道施工中尤为关键的技术之一。

目前,常见的管节拖航浮运方式有干拖和湿拖两种类型。

1.3.1 干拖

20世纪初期,大型重吊船和大型浮吊船无法满足超大尺度或者超重结构的整体拖航需求。在这样的背景下,研究发现可以将这些特大结构放在驳船上进行拖带运输,这种方式被称为干拖。干拖凭借其运送速度快、运输风险小及易应对海损事故等优点,大量运用于结构弱、阻力大、稳定性差、抗风能力弱等被拖结构的海上运输。

用于干拖的驳船称为半潜驳船,又称半潜式母船、半潜运输船等。半潜驳船通过压载使得主甲板潜入水下,所运输的大型结构必须依靠自身浮力漂浮,而后通过拖船拉入半潜驳船甲板上方,半潜驳船通过排载使得主甲板浮出水面,将货物固定在指定位置,最终完成运输全过程(卸载时相反)。现代半潜驳船除了具有自航能力、能够不依靠拖船独自完成运输任务外,还具有油舱大、续航时间长、抗风浪能力强、速度快等优点,因此得到了迅速的发展。

干拖方式优点很多,但干拖方案受以下两点限制,并不适用于沉管隧道的建设。其一是拖航设备的适用性,深中通道沉管隧道管节最长达165m,最宽处在45m以上,但国内暂无满足该管节尺寸要求的半潜驳船。其二是方案的经济性,管节是否采用半潜驳船拖航,取决于固定干坞与轴线干坞的综合经济性和工期的比较,深中通道沉管隧道轴线地质较差,固定干坞和轴线干坞预制工期过长,是最先被否定的方案;而且在半潜驳船上拖航预制管节,受现有半潜驳船数量和预制管节数量影响很大,本工程管节数量较多,所需预制时间较长,对工期影响较大,因此采用干拖方式进行管节浮运的经济性不佳。

1.3.2 湿拖

湿拖是指大型结构依靠自身浮力漂浮在水中,通过拖船牵引到达目的地。这种方式由来已久,一般用于海洋工程或其他航程相对较短的运输。

当前,湿拖方案是海洋浮式结构物拖航的常规方法,基本上适用于所有浮式结构物。但对于大型浮式结构物,其与海水直接接触,拖航阻力较大,拖航速度也较慢;湿拖涉及多艘拖船和拖缆等设备,再加上海上施工作业情况多变,即便提前了解了流速预报资料、规划好了有限的拖运航道,但在拖运时依旧不得不考虑可能发生的复杂海况,比如突发大横流、大急流等。因此,为了保证管节出坞安全和海上拖航顺利,湿拖时除了配备与系缆柱连接的动力拖轮外,还会配备应急拖轮,以应对复杂海况。

合理分析管节湿拖方案,其安全性并不低于干拖方案,且经济效益远优于后者。本书的目的即在于讨论如何进行管节湿拖,并对复杂航路下管节拖航关键技术进行研究与应用示范。

1.4 技术难点及研究方法

1.4.1 技术难点

深中通道 S08 合同段管节拖航航路横跨多个浅滩,水流、波浪条件复杂,动力作用方向与航道走向、基槽轴向间角度多变。在此复杂航路情况下,曲线变宽管节在复杂水动力条件下的响应可能出现不规则性,由此引发的偏航等意外情况可能导致工期延后甚至施工安全问题。为保证施工顺利进行,应对曲线变宽管节在复杂航路浮运及安装过程中可能遭受的外力作用模式进行研究,分析各模式下异形管节的阻力特性及运动姿态规律,揭示浮运及系泊系统的动力及运动响应机制。

1.4.2 研究方法

开展风浪流耦合作用下曲线变宽管节运动响应机制研究,采用数值模拟与物理模型试验相结合的方法,揭示浮运航路及管节基槽波浪、水流时空变化规律,获取不同区段波浪、水流特征参数,研究管节拖航阻力、浪流荷载与运动响应机制,获得拖航阻力系数与不同阶段的系泊力;构建具有全向波流模拟、拖曳功能的试验平台,研究非对称曲线变宽管节在浮运安装过程中的阻力特性和运动姿态;基于试验成果,指导管节浮运拖力配置、浮运沉放施工设备及航道尺度设计。研究路线示意图如图 1-2 所示。

1) 采用数值模拟方法,获得浮运航路、隧址的水文参数

通过分析对比水文资料,确定工程区域的设计水位;基于现场实测资料和多年历史资料,对工程海域水动力泥沙环境、河床冲淤演变规律等进行分析,采用潮流泥沙数学模型计算并分析浇筑区、浮运航道及隧址的水流条件,为后续的研究提供边界条件。

2) 管节拖航/沉放阻力特性试验研究

采用物理模型试验研究管节预制及舾装作业后移出港池、浮运至隧址的全过程,即管节以重载状态(管节混凝土浇筑完成,测量控制塔、沉放驳舾装完成)进行拖航以及沉放的不同阶段,从而获取管节在不同流向下的阻力特性和运动姿态。

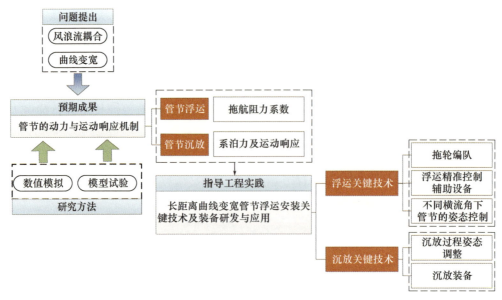

图 1-2 研究路线示意图

3）管节拖航阻力及纠偏运动响应研究

对管节拖航过程中的阻力和拖航过程的运动响应分别开展规范公式计算和数值模拟研究；评估旁拖对管节的纠偏能力，从而精确预报管节在环境载荷和旁拖共同作用下的横向运动；分析管节四个底部角点的垂荡运动，从而评估航道水深是否满足通航要求；在此基础上，进一步分析拖轮编队的拖航布置是否合理，为拖轮纠偏决策提供参考建议。

4）提炼浮运沉放关键技术

根据研究成果制订管节浮运专项施工方案，为拖轮编队的配置提供科学依据；对管节跨越各滩漕区域时流向发生转变的点进行节点分析，指导现场合理的施工操作；选取稳定沉放系力，配套相适应的管节系泊设施，如锚块、缆索、卷扬机、滑轮组等，保障管节在沉放过程中的安全性及稳定性。

1.5 本章小结

一百多年来，沉管隧道的研究和应用得到了巨大的发展，其设计与施工的关键技术也逐渐完善。时至今日，沉管法已成为大型海底隧道施工的首选方法。

管节在工厂完成预制后，多采用湿拖的方式运输到指定位置进行沉放。当拖航航路较长且海上工况复杂时，需采用多项拖航关键技术以保证整个拖航过程的安全可靠。本书将以深中通道沉管隧道 S08 合同段为工程实例，采用拖航纠偏运动响应数值模拟、缩尺物理模型试验、管节沉放等关键技术手段，开展对复杂航路下沉管隧道管节拖航关键技术的研究与示范应用。

第2章 深中通道沉管隧道段工程概况

2.1 线路概况

深圳至中山跨江通道(以下简称"深中通道")工程北距虎门大桥约30km,南距港珠澳大桥约38km。工程在伶仃洋内跨越的水道(航道)主要有机场支航道、矾石水道、伶仃航道和横门水道东段等。

深中通道通过深圳机场互通立交实现与广深沿江高速公路的衔接,以海底隧道下穿大铲水道、机场支航道及矾石水道,通过西人工岛实现隧桥转换,以特大跨径桥梁跨越伶仃航道西段和横门水道东段,其余海域采用非通航孔桥,在马鞍岛陆域段采用常规桥梁,通过横门互通实现与中开高速公路的对接。深中通道全线设置机场、横门、万顷沙3处互通式立交,主体工程全长约24km,采用双向八车道的技术标准,设计速度100km/h。

深中通道项目沉管隧道段长约6.8km,分为32节预制管节。保利长大公路工程有限公司与广州打捞局联合体负责深中通道S08合同段。该合同段共有10节管节,总长为1.44km。

有关深中通道的详细介绍以及线位图,详见《深中通道建筑及结构设计》(人民交通出版社股份有限公司2022年出版)。

2.2 气象条件

2.2.1 潮汐条件

本工程水域潮汐属不规则半日潮,平均潮差0.85~1.70m,最大潮差在2.30~3.20m之间,最小潮差在0.04~0.13m之间,平均潮差、最大潮差和最小潮差均由南向北逐渐增大。据实测资料统计分析,工程海域潮型系数$K=1.21$,属不规则半日潮型,在一个太阳日内有两次高潮和两次低潮,但相邻的高潮(低潮)的潮位和潮时不相等,出现潮汐日不等现象,同时浅海分潮也很显著。位于管节预制场东北侧约2km的舢板洲潮位特征值见表2-1。

舢板洲潮位特征值　　　　表2-1

序号	项目	当地理论最低潮面(m)	1985国家高程(m)
1	历年最高潮位	4.65	3.39
2	历年最低潮位	0.10	−1.16

续上表

序 号	项 目	当地理论最低潮面(m)	1985国家高程(m)
3	平均海平面	1.90	0.64
4	平均高潮位	2.63	1.37
5	平均低潮位	1.03	-0.23
6	最大潮差	3.58	2.32
7	平均潮差	1.61	0.35
8	设计高水位(高潮10%)	3.24	1.98
9	设计低水位(低潮90%)	0.53	-0.73

2.2.2 潮流条件

根据2011年6月深中通道附近垂线和通航水道内洪季大、小潮水文测验资料,深中通道水域的水流呈往复流,珠江水网以及横门水道东段内流向与各深槽方向基本一致。根据交通运输部天津水运工程科学研究所《深中通道管节系泊浇筑区及浮运航道水域水文分析计算专题——潮流泥沙数模实验研究报告》(2019年4月)、南京水利科学研究院《龙穴港池至深中通道隧址区域施工期设计水文、波浪数学模型和潮流泥沙数模实验研究报告》(2018年12月)的成果,整合浮运航道各段流速水平数据,结果见表2-2。

浮运航道各段流速水平数据　　　　表2-2

航 段	最大横流流速(m/s)	最大纵流流速(m/s)	水 情
X0	0.32	1.00	2016年洪季大潮、枯季大潮
X0	0.31	0.89	2016年洪季中潮、枯季中潮
X0	0.24	0.47	2016年洪季小潮、枯季小潮
X0~X6段（除X0外）	0.18	1.21	2016年洪季大潮、枯季大潮
X0~X6段（除X0外）	0.13	1.07	2016年洪季中潮、枯季中潮
X0~X6段（除X0外）	0.11	0.80	2016年洪季小潮、枯季小潮
X6~X7段	0.59	1.02	2016年洪季大潮、枯季大潮
X6~X7段	0.52	0.92	2016年洪季中潮、枯季中潮
X6~X7段	0.32	0.53	2016年洪季小潮、枯季小潮
X7~X9段	0.90	0.70	2016年洪季大潮、枯季大潮
X7~X9段	0.78	0.29	2016年洪季中潮、枯季中潮
X7~X9段	0.48	0.42	2016年洪季小潮、枯季小潮

2.2.3 气象条件

该工程区域北靠亚洲大陆,南临热带海洋(南海),气候温暖潮湿,属南亚热带海洋性季风气候区。受欧亚大陆和热带海洋的交替影响,该区域天气复杂多变,灾害性天气频繁,凡登陆、影响珠江三角洲、粤西沿海和在南海北部活动的热带气旋,对本区均可造成较大影响。

1) 气温

工程区域年平均气温为22.6℃,最热月(7月)平均气温为28.6℃,最冷月(1月)平均气温为14.7℃。历年极端最高和极端最低气温分别为38.7℃和0.2℃。

2) 降水

工程区域年平均降水量为1913.5mm,年降水量最小年份降水量为911.9mm(1963年),年降水量最大年份的降水量可达2747.0mm(2008年),约为降水量最小年份降水量的3.0倍。年内雨水主要集中在汛期(4月—9月),超过全年降水量的80%;冬半年(10月—翌年3月)降水量不到全年降水量的20%。

3) 风

工程区域地处亚热带季风气候区,风况有明显的季节性。受季风控制,本地区春冬季盛行偏北风,夏秋季盛行偏南风。最大风速的年内分布差异较大,一般夏季最大风速主要是台风(热带气旋)造成的,冬季的最大风速是由冷空气南下造成的。

4) 雾

根据深圳气象站观测资料,年平均雾日(能见度小于1km)为4.3d。根据深圳机场1992—2001年资料统计,年平均雾日为7.4d;雾天主要集中出现在1月—4月,占全年的56%~68%,6月—8月较少出现雾天。

5) 雷暴

工程区域年平均雷暴日为68.1d;雷暴天气主要集中出现在4月—9月,占全年的90%以上,11月—翌年1月较少出现雷暴天气。

6) 相对湿度

工程区域年平均相对湿度为77%;湿度的季节变化明显,在春夏季高湿季节,相对湿度时常可达100%,而在冬季干燥季节,极端最小相对湿度只有8%。

7) 灾害性天气

影响工程区域的灾害性天气系统主要有热带气旋、暴雨以及强对流天气带来的龙卷风、雷击和短时雷雨大风。其中,热带气旋强度强、频率高、灾害重,是对该区域最具威胁的自然灾害。登陆该区域的热带气旋一般集中在每年的6月—10月(约占90%)。

2.3 拖航航道

2.3.1 广州港出海航道

广州港出海航道从珠江口的桂山锚地到黄埔港区,途经珠海、深圳、中山、东莞等市,从南到北包括大濠水道、伶仃航道、川鼻航道、大虎航道、坭洲头航道、莲花山航道、新沙航道等,全长约160km。此外,广州港出海航道沿途与许多航道相连,如龙鼓西航道、铜鼓航道、横门水道东段、矾石水道、珠电航道等,也同许多内河岔口相连。

广州港出海航道经过前后几次航道工程后,目前的航道现状如下:

1)南沙港区(42号浮)以北航段

该段从南沙港区以北至西基调头区,航道底宽160m,底高程为-13.0m,为5万总吨船乘潮单向通航航道。

2)32号浮至南沙港区(42号浮)航段

该航道通航宽度为243m,底高程为-17.0m,边坡坡率为1:5~1:10,满足10万吨级集装箱船满载不乘潮单向通航、5万总吨集装箱船不乘潮双向通航,兼顾12万吨级散货船乘潮单向通航的要求。该航段目前正在进行"广州港深水航道拓宽工程",维持航道现有底高程不变,拟将航道通航宽度拓宽至385m,以满足10万吨级集装箱船满载与15万总吨集装箱船(不满载)双向通航的要求。

3)32号浮以南至桂山锚地航段

该航段属广州港出海航道外段,已在广州港深水航道拓宽工程(一期)建成后投入使用,占拓宽工程总里程的四分之三。航道底宽385m,设计底高程为-17m,满足10万吨级集装箱船与15万吨级集装箱船(减载)双向通航的要求。

2.3.2 深圳西部航道

深圳港西部各港区位于珠江口内伶仃洋东岸,其水路交通网络四通八达,西部水域主要航道有矾石水道、公沙水道、大铲水道、大铲东水道、妈湾港区航道(北航道)、赤湾航道、蛇口航道、铜鼓航道、西部公共航道。上述航道中,赤湾航道、蛇口航道和部分妈湾港区航道(北航道)、铜鼓航道、西部公共航道是人工航道,其余均是自然航道。

深中通道横越矾石水道,该水道北接龙穴水道南端,南至大铲岛灯桩以西约926m处,连接大铲水道北端,水道中心线点位为:

$$H_1: 22°31'12''N, 113°49'50''E$$

$$H_2: 22°34'00''N, 113°47'03''E$$

$$H_3: 22°38'29''N, 113°44'02''E$$

$H_1 \sim H_2$ 航段航向为138°~318°;$H_2 \sim H_3$ 航段航向为148°~328°,水道宽约500m,水深6~7m,长约16.85km。矾石水道与本工程路由位置关系如图2-1所示。

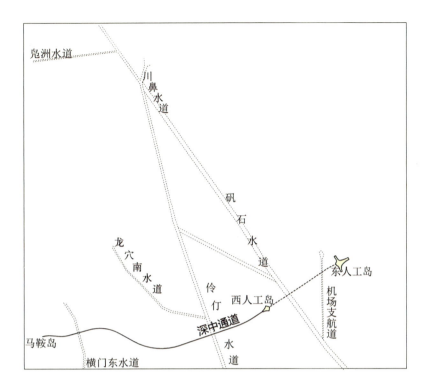

图 2-1　工程区域水道位置关系

2.4　本章小结

本章对深中通道沉管隧道所处的海洋环境、气象条件以及拖航路线进行了介绍。本书第 3 章 ~ 第 6 章将系统介绍基于上述研究背景的长距离复杂航路下沉管隧道管节拖航关键技术研究与示范应用。

第3章　拖航阻力计算及物理模型试验研究

本章的主要目的是对管节拖航过程中的阻力大小及特性进行计算和分析,在不考虑航道地形情况下,采用缩尺物理模型试验模拟水流作用下管节的横、纵断面阻力系数,为后续浪、流、拖航及地形综合因素影响下的拖航试验奠定基础,也为航道设计提供初步的试验依据。

3.1　拖航阻力计算

3.1.1　规范公式

管节的拖航阻力 F 可根据莫里森公式求得：

$$F = \frac{1}{2}\rho A C_d V^2 \tag{3-1}$$

式中：ρ——水的密度,取 1025 kg/m³；

A——管节水下部分的中横剖面面积(m²)；

C_d——拖航阻力系数。对于顺拖和斜拖,C_d 取 1.61；对于横拖,C_d 取 2.83（参考交通运输部天津水运工程科学研究所的物理模型试验数据）；

V——考虑管节自身运动和水流流速共同作用的相对拖航速度(m/s)。

拖轮自身受到的阻力可根据中国船级社发布的《海上拖航指南》中的阻力公式求得：

$$R_T = 1.15(R_{ft} + R_{Bt}) \tag{3-2}$$

式中：R_T——拖轮自身受到的阻力；

R_{ft}——拖轮的摩擦阻力(kN)；

R_{Bt}——拖轮的剩余阻力(kN)。

拖轮的摩擦阻力 R_{ft} 和剩余阻力 R_{Bt} 可按下式计算：

$$\begin{cases} R_{ft} = 1.67 A_1 V^{1.83} \times 10^{-3} \\ R_{Bt} = 0.147 \delta A_2 V^{1.74+0.15V} \end{cases} \tag{3-3}$$

式中：A_1——拖轮的水下湿表面积(m²)；

V——拖航速度(m/s)；

δ——方形系数；

A_2——拖船浸水部分的船中横剖面面积(m²)。

若无拖轮水下湿表面积 A_1 的详细资料,可按下式近似计算：

$$A_1 = L(1.7d + \delta B) \tag{3-4}$$

式中：L,d,B——分别为船长(m)、船宽(m)和拖航吃水(m)。

由于管节湿拖过程中的干舷很小，故忽略风引起的拖航阻力。由于波浪的非线性特性，沉管还会受到波浪平均慢漂力的作用，可由下式估算管节在不规则波作用下的平均慢漂力 F_{WD}：

$$F_{WD} = \frac{\rho g L_d H_s^2}{16} \tag{3-5}$$

式中：L_d——管节投影到与浪向垂直方向的距离(m)；

H_s——不规则波的有义波高，取 0.8 m。

3.1.2 阻力计算

3.1.2.1 管节湿拖编队相关尺度参数

根据管节拖航方案，管节湿拖编队每次拖运一节管节，运输过程中用钢板封堵管节两端以实现水密。管节相关参数见表 3-1。

管节外形尺寸及质量 表 3-1

参　　数	E23~E26 管节	E27 管节	E28~E32 管节
钢壳质量(t)	9788.74	9793.11	8986.64
焊材质量(t)	300.00	300.00	300.00
钢板正公差质量(t)	400.00	400.00	400.00
混凝土质量(t)	65579.44	65574.44	56045.90
牺牲阳极质量(t)	231.66	231.97	199.15
端封门质量(t)	300.00	300.74	356.96
测量塔质量(t)	200.00	200.00	200.00
水箱质量(t)	140.00	140.00	105.00
其他舾装件质量(t)	100.00	100.00	100.00
沉放驳质量(t)	800.00	800.00	800.00
调平压重混凝土质量(t)	—	—	1350.00
总质量(t)	77839.83	77840.25	68843.66
吃水(m)	10.29	10.27	10.30
干舷(m)	0.31	0.33	0.30

以下计算以 E27 管节(标准管节)和 E32 管节(非标准管节)为分析对象。管节湿拖时，两艘沉放驳及测量塔与管节舾装后一起出运。E27 管节和 E32 管节的几何尺寸见表 3-2。

管节几何尺寸(单位:m) 表 3-2

管节编号	高　　度	前端面宽	后端面宽	长　　度
E27	10.6	46.000	46.266	165.0
E32	10.6	53.502	55.410	123.8

3.1.2.2 拖航管节阻力计算

管节的水下中横剖面面积 A 可根据管节吃水和管节中部宽度求得。对于 E27 管节,其水下中横剖面面积为:

$$A = 46.266 \times 10.27 = 475.15 (\text{m}^2)$$

E32 管节的水下中横剖面面积为:

$$A = 55.41 \times 10.30 = 570.723 (\text{m}^2)$$

根据式(3-1)可得到管节在不同航速下受到的阻力(不计波浪慢漂力)。图 3-1 给出了管节阻力与相对航速的关系曲线,图中的横坐标为管节相对于水流的速度(相对拖航速度),纵坐标为管节所受阻力。可以看出,在相同相对拖航速度下,E32 管节受到的阻力更大,这是因为 E32 管节的水下剖面面积更大。

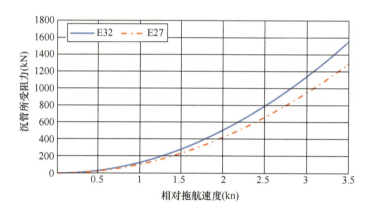

图 3-1 管节所受阻力-相对拖航速度关系图(不考虑波浪慢漂力)

管节拖轮编队中的拖轮参数见表 3-3。表 3-4 和表 3-5 分别给出了 E27 管节和 E32 管节在不同工况下受到的因环境条件产生的阻力,其中平均慢漂力由式(3-5)求得。拖轮受到的拖轮阻力可由式(3-2)计算,相关计算结果见表 3-6。由表3-6可知,拖轮受到的阻力相对较小。

拖 轮 参 数 表　　　　　　　　表 3-3

参　　数	符　号	单　位	6000HP 拖轮	5000HP 拖轮	4000HP 拖轮
船长	L	m	37.5	37.6	34.0
吃水	d	m	4.5	4.1	4.0
型宽	B	m	11.6	10.5	10.0
方形系数	δ	—	0.85	0.85	0.85
中剖面系数	C_M	—	0.95	0.95	0.95
拖轮湿表面积	A_1	m²	2244.4	1880.8	1591.2
拖轮船中横剖面面积	A_2	m²	49.59	40.90	38.00

注:HP 为"马力"的缩写,1HP≈735W。马力是非法定计量单位,但在轮机、船舶领域应用较多,故本书未做换算。

第3章 拖航阻力计算及物理模型试验研究

E27管节在不同工况下受到的水流和波浪引起的阻力 表 3-4

作业阶段	工况	沉管吃水 (m)	水流速度 (m/s)	相对拖航速度 (m/s)	相对拖航速度 (kn)	流速与拖航方向夹角 (°)	水流阻力 (kN) 纵向	水流阻力 (kN) 横向	有义波高 (m)	浪向与拖航方向夹角 (°)	波浪力 (kN) 纵向	波浪力 (kN) 横向	10min平均风速 (m/s)	风速与拖航方向夹角 (°)	风阻力 (kN) 纵向	风阻力 (kN) 横向	合力 (kN) 纵向	合力 (kN) 横向
顺流/顶流拖航	1	10.27	—	1.03	2.00	—	414.54	0.00	0.8	180	18.62	0.00	13.8	180	20.09	0.00	453.25	0.00
	2	10.27	—	1.03	2.00	—	414.54	0.00	0.8	90(270)	18.62	66.35	13.8	90(270)	0.00	20.58	433.16	86.83
	3	10.27	—	1.29	2.50	—	647.68	0.00	0.8	180	18.62	0.00	13.8	180	20.09	0.00	686.39	0.00
	4	10.27	—	1.29	2.50	—	647.68	0.00	0.8	90(270)	18.62	66.35	13.8	90(270)	0.00	20.58	666.30	86.93
	5	10.27	—	1.36	2.65	—	727.75	0.00	0.8	180	18.62	0.00	13.8	180	20.09	0.00	766.45	0.00
	6	10.27	—	1.36	2.65	—	727.75	0.00	0.8	90(270)	18.62	66.35	13.8	90(270)	0.00	20.58	746.36	86.93
	7	10.27	—	1.47	2.85	—	841.82	0.00	0.8	180	18.62	0.00	13.8	180	20.09	0.00	880.53	0.00
	8	10.27	—	1.47	2.85	—	841.82	0.00	0.8	90(270)	18.62	66.35	13.8	90(270)	0.00	20.58	860.34	86.93
	9	10.27	—	1.49	2.90	—	871.61	0.00	0.8	180	18.62	0.00	13.8	180	20.09	0.00	910.32	0.00
	10	10.27	—	1.49	2.90	—	871.61	0.00	0.8	90(270)	18.62	66.35	13.8	90(270)	0.00	20.58	890.13	86.93
	11	10.27	—	1.71	3.32	—	1145.13	0.00	0.8	180	18.62	0.00	13.8	180	20.09	0.00	1183.74	0.00
	12	10.27	—	1.71	3.32	—	1145.13	0.00	0.8	90(270)	18.62	66.35	13.8	90(270)	0.00	20.58	1163.65	86.93
横流拖航	13	10.27	0.3	1.03	2.00	90(270)	414.54	221.00	0.8	180	18.62	0.00	13.8	180	20.09	0.00	453.25	221.00
	14	10.27	0.3	1.03	2.00	90(270)	414.54	221.00	0.8	90(270)	18.62	66.35	13.8	90(270)	0.00	20.58	433.16	307.82
	15	10.27	0.4	1.03	2.00	90(270)	414.54	392.88	0.8	180	18.62	0.00	13.8	180	20.09	0.00	453.25	392.88
	16	10.27	0.4	1.03	2.00	90(270)	414.54	392.88	0.8	90(270)	18.62	66.35	13.8	90(270)	0.00	20.58	433.16	479.71
	17	10.27	0.5	1.03	2.00	90(270)	414.54	613.77	0.8	180	18.62	0.00	13.8	180	20.09	0.00	453.25	613.77
	18	10.27	0.5	1.03	2.00	90(270)	414.54	613.77	0.8	90(270)	18.62	66.35	13.8	90(270)	0.00	20.58	433.16	700.70
	19	10.27	0.6	1.03	2.00	90(270)	414.54	883.86	0.8	180	18.62	0.00	13.8	180	20.09	0.00	453.25	883.86
	20	10.27	0.6	1.03	2.00	90(270)	414.54	883.86	0.8	90(270)	18.62	66.35	13.8	90(270)	0.00	20.58	433.16	970.79

表 3-5 E32管节在不同工况下受到的水流和波浪引起的阻力

作业阶段	工况	沉管吃水 (m)	水流速度 (m/s)	相对拖航速度 (m/s)	相对拖航速度 (kn)	流速与拖航方向夹角 (°)	水流阻力 纵向 (kN)	水流阻力 横向 (kN)	有义波高 (m)	浪向与拖航方向夹角 (°)	波浪力 纵向 (kN)	波浪力 横向 (kN)	平均风速 (m/s)	风速与拖航方向夹角 (°)	风阻力 纵向 (kN)	风阻力 横向 (kN)	合力 纵向 (kN)	合力 横向 (kN)
顺流/顶流拖航	1	10.3	—	1.03	2.00	—	498.43	0.00	0.8	180	22.25	0.00	13.8	180	20.29	0.00	541.06	0.00
	2	10.3	—	1.03	2.00	—	498.43	0.00	0.8	90(270)	0.00	49.78	13.8	90(270)	0.00	18.13	498.43	67.82
	3	10.3	—	1.29	2.50	—	778.81	0.00	0.8	180	22.25	0.00	13.8	180	20.29	0.00	821.44	0.00
	4	10.3	—	1.29	2.50	—	778.81	0.00	0.8	90(270)	0.00	49.78	13.8	90(270)	0.00	18.13	778.81	67.82
	5	10.3	—	1.36	2.65	—	875.04	0.00	0.8	180	22.25	0.00	13.8	180	20.29	0.00	917.67	0.00
	6	10.3	—	1.36	2.65	—	875.04	0.00	0.8	90(270)	0.00	49.78	13.8	90(270)	0.00	18.13	875.04	67.82
	7	10.3	—	1.47	2.85	—	1012.14	0.00	0.8	180	22.25	0.00	13.8	180	20.29	0.00	1054.77	0.00
	8	10.3	—	1.47	2.85	—	1012.14	0.00	0.8	90(270)	0.00	49.78	13.8	90(270)	0.00	18.13	1012.14	67.82
	9	10.3	—	1.49	2.90	—	1048.01	0.00	0.8	180	22.25	0.00	13.8	180	20.29	0.00	1090.54	0.00
	10	10.3	—	1.49	2.90	—	1048.01	0.00	0.8	90(270)	0.00	49.78	13.8	90(270)	0.00	18.13	1048.01	67.82
	11	10.3	—	1.71	3.32	—	1376.80	0.00	0.8	180	22.25	0.00	13.8	180	20.29	0.00	1419.43	0.00
	12	10.3	—	1.71	3.32	—	1376.80	0.00	0.8	90(270)	0.00	49.78	13.8	90(270)	0.00	18.13	1376.80	67.82
横流拖航	13	10.3	0.3	1.03	2.00	90(270)	498.43	166.31	0.8	180	22.25	0.00	13.8	180	20.29	0.00	541.06	166.31
	14	10.3	0.3	1.03	2.00	90(270)	498.43	166.31	0.8	90(270)	0.00	49.78	13.8	90(270)	0.00	18.13	498.43	234.12
	15	10.3	0.4	1.03	2.00	90(270)	498.43	295.57	0.8	180	22.25	0.00	13.8	180	20.29	0.00	541.06	295.57
	16	10.3	0.4	1.03	2.00	90(270)	498.43	295.57	0.8	90(270)	0.00	49.78	13.8	90(270)	0.00	18.13	498.43	363.48
	17	10.3	0.5	1.03	2.00	90(270)	498.43	461.87	0.8	180	22.25	0.00	13.8	180	20.29	0.00	541.06	461.87
	18	10.3	0.5	1.03	2.00	90(270)	498.43	461.87	0.8	90(270)	0.00	49.78	13.8	90(270)	0.00	18.13	498.43	529.69
	19	10.3	0.6	1.03	2.00	90(270)	498.43	665.13	0.8	180	22.25	0.00	13.8	180	20.29	0.00	541.06	665.13
	20	10.3	0.6	1.03	2.00	90(270)	498.43	665.13	0.8	90(270)	0.00	49.78	13.8	90(270)	0.00	18.13	498.43	732.94

表3-6　拖轮在不同航速下的参数

参　数	取　值					
V(kn)	2	2.5	2.65	2.85	2.9	3.32
V(m/s)	1.02880	1.28600	1.36316	1.46604	1.49176	1.70781
L(m)	37.5	37.5	37.5	37.5	37.5	37.5
d(m)	4.5	4.5	4.5	4.5	4.5	4.5
B(m)	11.6	11.6	11.6	11.6	11.6	11.6
δ	0.85	0.85	0.85	0.85	0.85	0.85
C_M	0.95	0.95	0.95	0.95	0.95	0.95
A_1(m²)	2244.4	2244.4	2244.4	2244.4	2244.4	2244.4
A_2(m²)	49.59	49.59	49.59	49.59	49.59	49.59
R_{ft}(kN)	3.92	57.82	64.68	73.50	76.44	98.00
R_{Bt}(kN)	6.86	9.80	11.76	12.74	13.72	17.64
R_T(kN)	12.05	78.50	87.51	100.16	103.49	133.18

注："kn"为"节"的缩写，该单位是航运领域常用速度计量单位，1kn≈0.5144m/s。

3.1.3　拖轮系柱力验算

图3-2和图3-3分别为标准管节和非标准管节的拖轮配置平面示意图（详细方案见第4章），表3-7和表3-8分别列出了标准管节和非标准管节湿拖浮运的拖轮配置信息（以拖轮实际系柱拖力选择拖轮）。

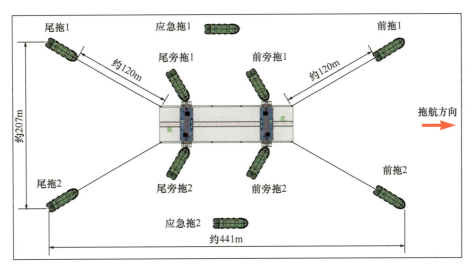

图3-2　标准管节拖航拖轮配置平面布置示意图

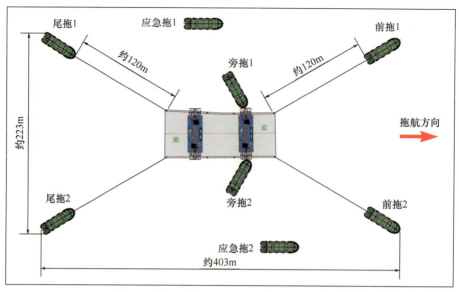

图3-3 非标准管节拖航拖轮配置平面布置示意图

标准管节湿拖浮运的拖轮配置信息   表3-7

序 号	船 名	功率(HP)	系柱拖力(kN)
1	前拖1、前拖2	6000	784
2	前旁拖1、前旁拖2	5000	637
3	尾旁拖1、尾旁拖2	5000	637
4	尾拖1、尾拖2	4000	392
5	应急拖1、应急拖2	4000	392

非标准管节湿拖浮运的拖轮配置信息   表3-8

序 号	船 名	功率(HP)	系柱拖力(kN)
1	前拖1、前拖2	6000	784
2	旁拖1、旁拖2	5000	637
3	尾拖1、尾拖2	5000	637
4	应急拖1、应急拖2	4000	392

根据表3-7、表3-8的拖轮信息可知,两个前拖的系柱拖力 T 为784 kN。假定拖轮的最大功率达到80%,考虑拖轮拖力与管节拖航方向的夹角为30°,由此可计算两艘前拖能提供的最大有效拖力 F_{max} 为:

$$F_{max} = 2T\cos30° \times 0.8 = 1086.34 \text{ kN}$$

对于E27管节,由表3-4可知,当相对拖航速度为3.32kn时,管节总阻力已超过1086.34 kN,即超过了两艘前拖能够提供的最大牵引力。以2.85kn的相对拖航速度为例,管节总阻力为880.53 kN。由表3-6可知,前拖在相对拖航速度为2.85kn时的阻力为100.16 kN,故其施加在沉管上的最大拖力 F_{t-max} 为:

$$F_{t-max} = 1086.34 - 2 \times 100.16 \times \cos30° = 912.86(\text{kN}) > 880.53(\text{kN})$$

因此,在仅由两艘前拖提供牵引力的条件下,E27 管节拖轮编队的相对拖航速度临界值约为 2.85kn 时,拖航力略大于环境阻力,满足拖航要求,故拖轮编队的最大相对拖航速度应不超过 2.85kn。当遇到顶流条件,且顶流速度为 1.028m/s(约 2kn)时,拖轮编队的实际航速不应超过 0.85kn。

对于 E32 管节,由表 3-5 可知,当相对拖航速度为 2.65kn 时,管节受到的总阻力已接近两艘前拖能提供的最大拖力(917.67kN)。由表 3-6 可知,前拖在相对拖航速度为 2.65kn 时的阻力为 87.51kN,故其施加在管节上的最大拖力 $F_{t\text{-max}}$ 为:

$$F_{t\text{-max}} = 1086.34 - 2 \times 87.51 \times \cos 30° = 934.77(kN) > 917.67(kN)$$

因此,在仅由两艘前拖提供牵引力的条件下,E32 管节拖轮编队的相对拖航速度临界值约为 2.65kn 时,拖航力略大于环境阻力,满足拖航要求,故拖轮编队的最大相对拖航速度应不超过 2.65kn。当遇到顶流条件,且顶流速度为 1.028m/s(约 2kn)时,拖轮编队的实际航速应不超过 0.65kn。

此外,横流会导致管节偏航,由旁拖提供足够的纠偏力将管节拉回原来的航道。对于 E27 管节,根据标准管节拖航方案(图 3-2),由四艘旁拖提供横向纠偏力,四艘旁拖能提供的最大纠偏力 F_L 为(考虑 80% 的拖轮功率):

$$F_L = 4 \times 637.5 \times 0.8 = 2040(kN)$$

由表 3-4 可知,在横流速度为 0.65m/s 时,管节受到的横向阻力约为 1103.68kN,四艘旁拖能提供足够的纠偏力。

对于 E32 管节,根据非标准管节拖航方案(图 3-3),假定由两艘旁拖提供横向纠偏力,则两艘旁拖能提供的最大纠偏力 F_L 为(考虑 80% 的拖轮功率):

$$F_L = 2 \times 637.5 \times 0.8 = 1020(kN)$$

由表 3-5 可知,在横流速度为 0.6m/s 时,管节受到的横向阻力为 732.94kN,两艘旁拖能够提供足够的纠偏力。

3.2 缩尺物理模型试验

3.2.1 试验内容

本节旨在以缩尺物理模型试验模拟深中通道管节的拖航过程,进而研究管节拖航受到的阻力。深中通道 S08 合同段主要施工内容为钢壳沉管隧道 E23~E32 管节的施工,包括预制场建设、沉管混凝土浇筑、管节舾装、浮运航道开挖及维护、基槽基础处理、垫层及垫层清淤、管节浮运沉放、管节回填、管内一次压舱混凝土等施工。

如图 3-4 所示,深中通道 S08 合同段管节拟在龙穴造船基地港池内预制,待管节浇筑完成后,采取湿拖方式由拖轮编队拖带至隧址。拖航时管节吃水约 10.29m,管节航道底宽度为

160m,底高程均为 -12.5m(1985 国家高程,以下同),航道两侧各设置底宽 90m 的拖轮航道,底高程为 -6.1m。其中,管节静水航速考虑取 1~3.3kn。

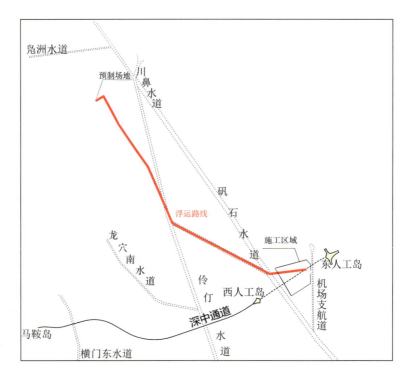

图 3-4 深中通道 S08 合同段管节浮运路线示意图

参考图 3-4,受航道轴线与伶仃洋涨落潮主流角度变化影响,管节在浮运过程中可能遭受顺流和横流作用,与此同时,浮运中始终受到波浪的联合作用。因此,深中通道 S08 合同段管节浮运需要综合考虑管节自身拖航速度和方向、水流速度和方向、波浪大小和波向及航道和边坡地形等综合因素的影响。

本节在不考虑航道地形的情况下,模拟纯水流作用时管节的横、纵断面阻力系数,作为管节浮运拖航试验的前期基础研究,为后续浪、流、拖航及地形综合因素影响下的管节拖航试验奠定基础。

3.2.2 试验条件

在管节拖航总阻力组成中,水流阻力占比最大,浪与风引起的管节拖航阻力占比很小。因此,物理模型试验仅研究管节在水流作用下所受的阻力。

3.2.2.1 水位

管节拖航试验考虑两种水位(1985 国家高程):设计高水位,+2.02m;设计低水位,-0.72m。

3.2.2.2 流速

作用于管节的水流流向角分别取 0°和 90°,各流向角下的拖航工况见表 3-9。

管节顺流/顶流拖航工况表

表3-9

流向角	流速(m/s)	流向角	流速(m/s)
0°	0.5144	90°	0.5000
	1.0288		0.6000
	1.5432		0.7000
	2.0576		0.8000

3.2.2.3 试验对象参数

管节预制及舾装作业后,移出港池浮运至隧址。针对管节重载状态(管节混凝土浇筑完成,测量塔、沉放驳舾装完成)进行拖航物理模型试验研究。浮运拖航试验以标准管节为研究对象,标准管节长165m、宽46m、高10.6m。浮运时,管节两端用钢板封堵实现水密,管顶安装有测量塔、沉放驳等舾装件,管内布置有压载水箱,压载水箱不压载。标准浮运管节参数见表3-10。

标准浮运管节参数

表3-10

参　数	取　值	参　数	取　值
钢壳质量(t)	9788.74	其他舾装件质量(t)	100.00
焊材质量(t)	300.00	沉放驳质量(t)	600.00×2
钢板正公差质量(t)	400.00	调平压重混凝土质量(t)	—
混凝土质量(t)	65579.44	总质量(t)	78039.83
牺牲阳极质量(t)	231.66	水重度(kN/m³)	9.894
端封门质量(t)	300.00	吃水(m)	10.29
测量塔质量(t)	100.00×2	干舷(m)	0.31
水箱质量(t)	140.00		

3.2.3 模型设计及试验方法

3.2.3.1 管节的阻力特性

管节在浮运时的水动力特征是拟订管节拖航、系泊方案的重要技术指标,通过管节的水动力特征参数可以计算出控制管节运动的力的大小,从而可以进一步估算约束其运动的外部设备的参数和数量。

箱形管节在水中拖航浮运时的受力,从理论角度看是一个钝体在限制区域的黏性兴波问题。管节在流体自由表面附近拖航时受到的水阻力包括黏性阻力和兴波阻力,前者与雷诺数相关,后者与弗劳德数相关。由于管节为方形钝体,黏性阻力中的主要成分是形状阻力,摩擦阻力所占比重相对较小;由于拖航时的速度较低,因此兴波阻力亦较小。

1)形状阻力

如图3-5所示,在实际流动中,水流作用于管节迎流面时,流动减压,在迎流面上边界层的厚度较小;由于上游水流减压后产生的顺压梯度,顺流面上的边界层厚度不断地缓慢增加。水流从迎流面传播至顺流面时消耗了部分能量,因此,水质点的动能不足以恰好克服由顺流面向背流面的逆压梯度。实际上,水质点在顺流面上运动过程中,边界层内的流体质点不仅受到壁面摩擦阻力的影响,还受到逆压梯度的减速作用,其留有的动能不足,难以抵达背流面。因此,顺流面边界层内靠近壁面的流体质点的流速会在顺流面的下游不远处几乎变为零。

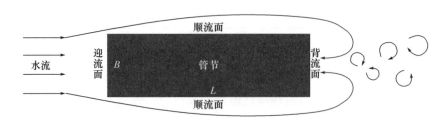

图 3-5 钝体绕流平面水力特性

在顺流面边界层开始上述减速的过程中,越靠近壁面的水质点受到的黏滞阻力越大,减速也越剧烈。在较大的逆压梯度作用下,在壁面上会出现流速梯度和壁面切应力均为零的点,该点即为边界层分离点。在分离点的下游会出现回流,此回流会对分离点上游的来流形成侧向挤压,使得来流被挤向主流区,从而形成边界层分离现象。

在壁面边界层分离后,管节背流面的流动结构会发生很大的变化。其变化形态和来流的速度密切相关。一般地,会在背流面形成大尺度的回流区,或产生以非恒定大尺度旋涡脱落为特征的周期振荡状态。

因边界层摩阻与旋涡运动会消耗大量能量,故背流侧的压强会降低,导致其相对于迎流侧的压强要低得多,由此会产生形状阻力。形状阻力的大小取决于壁面边界层分离点的位置,尾流区越小或分离点越靠近下游,形状阻力越小。结合管节的形态参数(型宽 B、型长 L)可知,B/L 是影响边界层分离点的重要参数。

以上分析了钝体在水平面上的绕流特性。实际上,管节钝体在垂向存在类似的绕流特征,因此,管节的吃水 D 和浮运水深 d 也是影响管节受力的重要参数。

形状阻力 R_e 可通过下式计算:

$$R_e = \frac{1}{2} C_e A \rho V^2 \tag{3-6}$$

式中:C_e——形状阻力系数;

A——管节迎流面积;

ρ——水体密度;

V——管节与水体间的相对速度。

2)摩擦阻力

与形状阻力相比,摩擦阻力主要产生于分离点的上游,且在壁面十分薄的边界层内。摩擦阻力与管节的湿表面面积相关。

摩擦阻力 R_f 可以通过下式计算：

$$R_f = \frac{1}{2} C_f S \rho V^2 \tag{3-7}$$

式中：C_f——表面摩擦阻力系数，$C_f = 0.75 \times (\lg Re - 2)^{-2}$，其中，$Re$ 为雷诺数，$Re = Vl/\nu$，ν 为水的运动黏性系数，l 为管节迎流断面的水力直径；

S——管节的湿表面面积。

3) 兴波阻力

船舶等浮体在水面上运动时，会对周围的水产生扰动，使得船体周围的流体压力分布发生变化，进而兴起波浪。由于浮体兴波导致浮体前后压力分布不对称而产生的作用在浮体运动相反方向上的压力差即为兴波阻力。

兴波阻力 R_w 可按下式计算：

$$R_w = \frac{1}{2} C_w A \rho V^2 \tag{3-8}$$

式中：C_w——兴波阻力系数。

根据船舶领域的研究成果，无论船体为丰满型还是瘦削型，当弗劳德数 $F_r < 1.5$（即浮体在低航速下运动）时，其兴波阻力系数非常小，兴波阻力可以忽略不计。

本次试验中，以试验水流最大流速，无论以型宽还是型长计算弗劳德数，均有 $F_r < 1.0$。

3.2.3.2 管节的受力模式分析

图 3-6 为管节在 0°水流和 90°水流时的受力模式，图中阻力 F_d 是管节受到的总阻力的合力，图 3-6 仅相对准确地示意了该合力在管节垂向上的作用点位置。

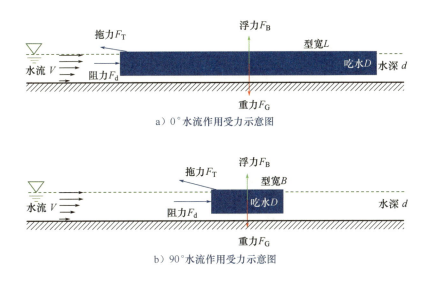

a) 0°水流作用受力示意图

b) 90°水流作用受力示意图

图 3-6 管节受力模式分析示意图

结合图3-6分析可知,在水流作用稳定后,管节自身的重力F_G同受到的浮力F_B、拖力F_T和阻力F_d形成一种平衡状态。由于各力的作用点位置不同,结合管节的姿态(稳性)来看,当拖力F_T和阻力F_d存在时,管节会产生绕重心的偏转(迎流端下沉),由此因浮力大小的变化和浮心位置调整而产生的恢复力矩将抵销拖力F_T和阻力F_d形成的力矩。因此,在有水流存在时,管节一定是发生迎流端下沉的。以上力及力矩平衡过程中,管节的型长L和型宽B将是影响管节受力及姿态的重要变量。

此外,水流作用于管节时,管节底部的富余水深也是影响管节受力的重要参数。同等流速条件下,随着富余水深的减小,水流力明显增大。可以通过水深d与吃水D的比值对此影响变量进行分析。

本次试验中,水深、吃水与富余水深间的关系见表3-11。由表3-11可见,在设计高水位时,$d/D = 1.41$;在设计低水位时,$d/D = 1.14$。

水深、吃水和富余水深关系表　　　　表3-11

水位	水深d		吃水D		富余水深		d/D
	原型(m)	模型(m)	原型(m)	模型(m)	原型(m)	模型(m)	
设计高水位	14.52	29.0	10.29	20.6	4.23	8.50	1.41
设计低水位	11.78	23.6	10.29	20.6	1.49	3.00	1.14

3.2.3.3　相似准则

管节等浮体在海上浮运时,主要受水流、波浪、风等的综合作用力。这些影响管节的力,根据实际作用效果可以分为两类:一类是与加速度有关的流体惯性力,另一类是与速度有关的黏性力。

实际上,当满足惯性力相似时,采用的相似准则是弗劳德相似准则,即要求原型与模型的弗劳德数相等;当满足阻力相似时,要求原型与模型间的雷诺数Re相等。基于上述准则,则有:

弗劳德数相等:

$$\frac{V_s}{\sqrt{gL_s}} = \frac{V_m}{\sqrt{gL_m}} \Rightarrow V_m^2 = \frac{V_s^2 L_m}{L_s} \tag{3-9}$$

雷诺数相等:

$$\frac{V_s L_s}{\nu_s} = \frac{V_m L_m}{\nu_m} \Rightarrow V_m^2 = \frac{V_s^2 L_s^2}{L_m^2}\left(\frac{\nu_m}{\nu_s}\right)^2 \tag{3-10}$$

若弗劳德数与雷诺数同时相等,则有:

$$\frac{V_s^2 L_m}{L_s} = \frac{V_s^2 L_s^2}{L_m^2}\left(\frac{\nu_m}{\nu_s}\right)^2 \Rightarrow \nu_m = \nu_s\left(\frac{L_m}{L_s}\right)^{3/2} \tag{3-11}$$

式中:V_s——原型流速;

g——重力加速度;

L_s——原型长度;

V_m——模型流速;

L_m——模型长度;

ν_s——原型的运动黏性系数;

ν_m——模型的运动黏性系数。

引入模型长度比 $\lambda = L_\mathrm{s}/L_\mathrm{m}$,下标字母 s 和 m 分别表示原型和模型。实际船模的水池试验中,海水和淡水的运动黏性系数相差不大,可以假定 $\nu_\mathrm{m} = \nu_\mathrm{s}$,则满足上式全相似的唯一条件是 $\lambda = 1$,这意味着原型试验。由此可以看出,在模型试验中同时满足上述两个准则是不可能的。

实际上,当雷诺数较大时,流动进入紊流粗糙区(即阻力平方区)以后,流动阻力与雷诺数无关,只与相对粗糙度有关,所以只要保证原型与模型的弗劳德数相似即可。

结合第 3.2.2.1 节的分析,管节是一个规则的矩形盒子。流体力学中,称此类形态为钝体,其边界层的分离点很容易稳定,并且极易进入阻力平方区——在较低的雷诺数就可以进入阻力平方区。

因此,综合上述分析和传统海洋工程水动力学试验经验,模型试验需要满足弗劳德相似准则。根据具体的试验内容,将相似准则细化如下:

1)几何相似

保证管节、沉放驳、测量塔、水深等均按同一比例缩小。根据试验室场地条件及造流能力,本试验中,模型几何比尺取 1∶50,即:

$$\frac{L_\mathrm{s}}{L_\mathrm{m}} = \frac{B_\mathrm{s}}{B_\mathrm{m}} = \frac{D_\mathrm{s}}{D_\mathrm{m}} = \lambda = 50 \tag{3-12}$$

式中:λ——几何比尺。

2)运动和动力相似

模型与原型尺度的速度关系满足弗劳德相似准则,即:

$$V_\mathrm{m} = V_\mathrm{s}\sqrt{\frac{gL_\mathrm{m}}{gL_\mathrm{s}}} = \frac{V_\mathrm{s}}{\sqrt{\lambda}} = \frac{V_\mathrm{s}}{7.07} \tag{3-13}$$

模型与原型尺度中任何相互对应点的作用力,都有相互对应的方向,它们的大小相应地成比例,即两种水流的运动相似:

$$F_\mathrm{m} = \frac{F_\mathrm{s}}{\lambda^3} = \frac{F_\mathrm{s}}{125000} \tag{3-14}$$

运动相似中,管节、沉放驳和测量塔的质量和重心位置需满足相似条件。

管节的重心、横摇和纵摇周期同时满足相似条件。

3.2.3.4 试验模型

1)管节模型

本次试验的对象为标准管节。该管节断面沿轴向规整,材料组成为钢壳和混凝土,质量分布、重心位置及惯性矩参数易于模拟。

根据第 3.2.2 节,标准管节质量主要分成四个部分;第一部分为依附于钢壳上的质量,主要有钢壳质量、焊材质量、钢板正公差质量、牺牲阳极质量和舾装件质量;第二部分为混凝土质量;第三部分为管节两端的端封门质量;第四部分为管节内部的水箱质量。将标准管节质量拆解成上述四大部分后,便可以精确地模拟管节的质量、质量分布、质量惯性力矩等参数。

模型管节外壳由高强 PVC(Polyvinyl Chloride,聚氯乙烯)塑料板材制作,端封门位置采用透明亚克力板制作,管节内部三个孔道利用轻质木塑板制作,由此在外壳与内木塑板间存在极小可配重空间。由于空间小,管节质量配重采用高密度的铅片。

首先,基于原型管节的断面分布,根据材料、位置将标准管节断面拆解成各质量单元,如图 3-7、图 3-8 所示,由此可以计算得到各单位的质量大小和重心坐标。

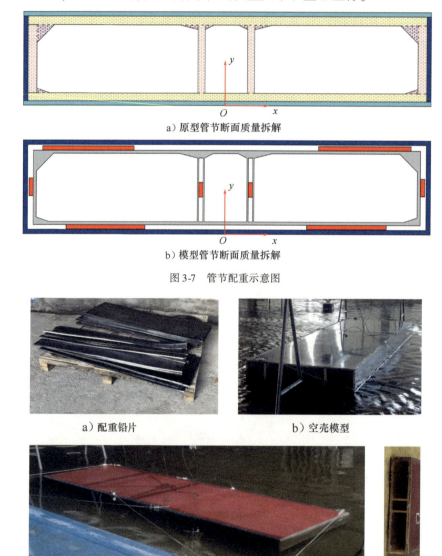

a) 原型管节断面质量拆解

b) 模型管节断面质量拆解

图 3-7 管节配重示意图

a) 配重铅片 b) 空壳模型

c) 配重后模型 d) 断面

图 3-8 管节配重

其次,制作模型管节的外壳和内壳,通过称重等手段得到模型模块的质量和重心坐标。

再次,基于原型与模型间总质量相似、各模块到 x 轴与到 y 轴的质量力矩相似,计算得到模型管节中各部分配重块的质量及重心坐标,并据此坐标安装配重块。

最后,将端门、水箱等集中质量配重块安装到管节对应位置。

2) 沉放驳模型

沉放驳主体为矩形空壳结构,模型材料为木材,并采用防水油漆进行外防护。沉放驳矩形壳内部采用水泥块进行配重,满足重心位置和质量分布相似。沉放驳模型如图 3-9 所示。管节和沉放驳模型的主要参数见表 3-12。

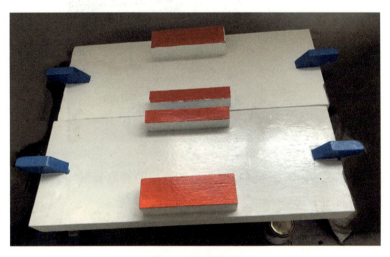

图 3-9 沉放驳模型

管节和沉放驳模型主要参数 表 3-12

参　　数	标　准　管　节		沉　放　驳	
	原型	模型	原型	模型
型长(m)	164	3.28	40.62	0.8124
型宽(m)	46	0.92	16	0.32
型深(m)	10.60	0.212	3.0	0.06
吃水(m)	10.29	0.2058	0.7	0.014
质量(t)	77839.83	0.6227	600	0.0048

3) 测量塔模型

测量塔模型结构组成复杂。由于测量塔质量相对管节质量而言较小,因此,制作测量塔模型时重点保证其总质量和重心位置相似。测量塔模型采用轻质铝材制作,采用小铅片进行配重。测量塔模型如图 3-10 所示。

图 3-10　测量塔模型

将各模型制作完成后,按照试验资料中提供的沉放驳和测量塔安装位置图,对各模型进行组装。组装后的模型如图 3-11 所示。

图 3-11　组装后的模型

3.2.3.5　试验方法

根据规范要求,水池的宽度需要满足:结构物到水池边壁的距离大于 3 倍结构物在水流法向上的投影宽度。本次阻力特性试验研究中,共模拟 2 种流向角的动力条件:

①当水流为0°布置时,水池的宽度要超过(3+3+1)×0.92m(型宽)=6.44m。
②当水流为90°布置时,水池的宽度要超过(3+3+1)×3.3m(型长)=23.1m。

综合考虑试验场地条件和试验流速需求,0°水流作用试验在宽度为7m的水槽中进行,其最大造流能力满足试验最大流速的需求;90°水流作用试验在宽度为24m的水池中进行,其最大造流能力可以满足模拟流速为0.8m/s的工况。

试验布置示意图如图3-12和图3-13所示。

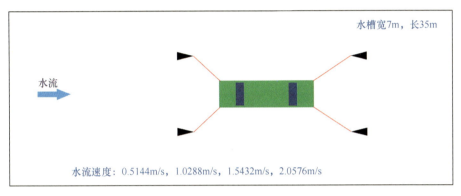

图3-12 0°水流作用试验布置示意图

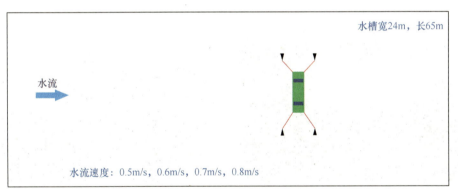

图3-13 90°水流作用试验布置示意图

具体试验过程如下:

①在水槽(池)中,按不同水位对应的流速要求选定水流场,保存造流系统控制参数。

②将管节模型按规定要求安装就位,将拉力计安装到位。

③开启造流系统,通过流速仪监测水流,待流场稳定后,开始测量阻力。所有拉力仪器均使用 AD(Analog to Digital,模数)转换器和计算机同步采集,采集频率为50Hz。考虑到在较大流速下管节下游可能存在不稳定的尾涡,采样记录的长度为10min。

④将采集的拉力按角度进行时间过程合成,并得到对应方向上管节的最大阻力。按 Morrison 公式($F_d = \frac{1}{2} C_d A \rho V^2$),可计算得到对应水流作用角度的阻力系数值 C_d。

3.2.4 试验结果与分析

3.2.4.1 管节受0°水流作用试验

0°水流作用试验工况见表3-13。

0°水流作用试验工况表　　　　　　　　　　　　　　　　表3-13

试验编号	水位	原型流速(m/s)	模型流速(cm/s)
S01	设计高水位	0.5144	7.3
S02	设计高水位	1.0288	14.5
S03	设计高水位	1.5432	21.8
S04	设计高水位	2.0576	29.1
S05	设计低水位	0.5144	7.3
S06	设计低水位	1.0288	14.5
S07	设计低水位	1.5432	21.8
S08	设计低水位	2.0576	29.1

试验场景见图3-14。

图3-14　0°水流作用试验场景

对试验结果进行整理、分析,得到0°水流作用时,管节在各工况下的阻力及阻力系数,具体见表3-14。

0°水流阻力及阻力系数汇总表　　　　　　　　　　　表3-14

流速 (m/s)	设计低水位		设计高水位	
	阻力(kN)	阻力系数 C_d	阻力(kN)	阻力系数 C_d
0.5114	90	1.43	72	1.15
1.0288	371	1.46	313	1.23
1.5432	847	1.48	727	1.27
2.0576	1547	1.52	1384	1.36

从试验结果可以看出:

①管节的阻力和阻力系数大体随着水位的降低而增大。在设计高水位时,管节的阻力值为72～1384kN,阻力系数为1.15～1.36;设计低水位时,管节的阻力值为90～1547kN,阻力系数为1.43～1.52。以上区别主要是由管节底部的富余水深差异造成的。

②同一水位、不同流速条件下,随着流速的增大,阻力显著增大,阻力系数也呈略增大的趋势,但增幅不明显。这一变化主要是由兴波阻力产生的。

总体上,在0°水流作用下管节,阻力系数在1.15～1.52之间。

3.2.4.2　管节受90°水流作用试验

90°水流作用试验工况表见表3-15。

90°水流作用试验工况表　　　　　　　　　　　表3-15

试验编号	水位	原型流速(m/s)	模型流速(cm/s)
H01	设计高水位	0.5	7.1
H02		0.6	8.5
H03		0.7	9.9
H04		0.8	11.3
H05	设计低水位	0.5	7.1
H06		0.6	8.5
H07		0.7	9.9
H08		0.8	11.3

试验场景见图3-15。

对试验结果进行整理、分析,得到90°水流作用时,管节在各工况下的阻力及阻力系数,具体见表3-16。

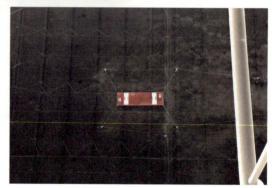

图 3-15　90°水流作用试验场景

90°水流阻力及阻力系数汇总表　　　　表 3-16

流速 （m/s）	设计低水位		设计高水位	
	阻力（kN）	阻力系数 C_d	阻力（kN）	阻力系数 C_d
0.5	540	2.52	516	2.41
0.6	793	2.57	768	2.49
0.7	1138	2.71	1083	2.58
0.8	1525	2.78	1442	2.63

从试验结果可以看出：

①90°水流作用下，管节阻力及阻力系数随水位及流速的变化规律与 0°水流作用时基本一致，但阻力系数显著增大。

②管节的阻力和阻力系数大体随着水位的降低而增大。在设计高水位时，管节的阻力值为 516～1442kN，阻力系数为 2.41～2.63；设计低水位时，管节的阻力值为 540～1525kN，阻力系数为 2.52～2.78。

③同一水位、不同流速条件下，随着流速的增大，阻力显著增大，阻力系数也呈略增大的趋势，但增幅不明显。

总体上，在 90°水流作用下，管节阻力系数在 2.41～2.78 之间。

3.2.4.3　阻力系数的对比与分析

以上基于物理模型方法对深中通道标准管节的阻力特性进行了测量。下面收集整理了国内外相关规范和文献,对矩形管节的阻力系数进行进一步对比分析。从资料得到的阻力系数及参数同本工程的对比见表3-17。

阻力系数对比表　　　　　　　　　　表3-17

资料	应用工程				纵拖阻力系数(2.0m/s)	横拖阻力系数(0.8m/s)
	工程名	L/B	B/D	d/D		
英国 BS 6349-6:1989	—	2.4	6.0	1.20	1.20	2.40
胡勇前,吴刚,杨海涛.复杂工况下沉管管节浮运阻力的模型试验研究[J].地下空间与工程学报,2013(10):1620-1625	广东佛山东平沉管隧道	2.88	4.45	—	1.25	1.00
梁邦炎,卢善伟.沉管隧道长大管节海上施工物理模型试验思路与结果分析[J].水运工程,2013(6):170-175	港珠澳大桥沉管隧道	4.74	3.39	1.16	1.5(1.0m/s)	3.3(1.0m/s)
陈韶章.沉管隧道设计与施工[M].北京:科学出版社,2002	珠江隧道	2.97	4.96	2.50	0.98	1.25(1.4m/s)
深中通道	设计高水位	3.59	4.47	1.41	1.36	2.63
	设计低水位	3.59	4.47	1.14	1.52	2.78

由上述对比结果可以看出:

①从纵拖阻力系数来看,根据资料所得阻力系数与本工程试验结果相差不大,仅珠江隧道阻力系数小于1.0,其他均在1.2~1.5之间。

②就横拖阻力系数来看,本工程试验结果与英国标准计算结果、港珠澳大桥沉管隧道工程较为接近,而与广东佛山东平沉管隧道和珠江隧道相差较大。结合水深、吃水比来看,本工程与英国标准计算结果和港珠澳大桥沉管隧道较为接近,与珠江隧道相差较大。从这个角度来看,富余水深是影响管节浮运阻力大小的重要参数。

综合对比来看,在各特征参数相近的前提条件下,本次试验结果与英国标准计算结果和港珠澳大桥沉管隧道的试验结果较为接近。

3.3　本章小结

本章通过规范公式对 E27 和 E32 管节进行了拖航阻力分析,验算了拖轮初步方案的合理性。计算结果表明,E27 管节的拖轮配置在相对拖航速度不超过 2.85kn 的情况下满足拖航要求;E32 管节的拖轮配置在相对拖航速度不超过 2.65kn 的情况下满足拖航要求,但当顶流航速为2kn时,为保障拖轮编队具备足够的航速、防止拖轮编队发生倒退现象,应让两个前旁拖协助提供足够的向前牵引力。针对这两个管节,当横流为0.6m/s时,拖轮编队的旁拖配置均能提供足够大的推力。

通过物理模型试验,测量深中通道标准管节在0°和90°水流作用时管节受到的阻力,分析计算对应条件下的阻力系数,得知在水流作用下,管节受到的阻力及对应的阻力系数大体随着水位的降低而增大。在同一水位条件下,随着流速的增大,阻力显著增大,阻力系数增大。与0°水流作用对比,90°水流作用时阻力系数显著增大。0°水流作用下,在流速0.5144~2.0576m/s区间,设计高水位时,管节的阻力值为72~1384kN,阻力系数为1.15~1.36;设计低水位时,管节的阻力值为90~1547kN,阻力系数为1.43~1.52。90°水流作用下,在流速0.5~0.8m/s区间,设计高水位时,管节的阻力值为516~1442kN,阻力系数为2.41~2.63;设计低水位时,管节的阻力值为540~1525kN,阻力系数为2.52~2.78。从本次试验结果与公开可查资料的阻力系数对比来看,管节底部的富余水深是影响阻力大小的重要参数。

第4章 拖航纠偏运动响应数值分析研究

为了保证管节拖轮编队拖航航道尺寸的合理性,需要研究拖轮编队航行过程中管节的拖航阻力及在风、浪、流作用下的运动响应,需考虑风、浪、流产生的横向偏移力对管节产生的偏航效应,同时分析拖轮对管节的纠偏能力。本章在第3章的基础上,通过水动力数值仿真分析计算管节拖航过程中在风、浪、流作用下的运动响应,计算不同海况下管节及沉放驳在环境载荷作用下的偏航位移,分析拖轮纠偏力施加方案对管节横向偏航运动的影响及纠偏运动响应。本章主要分析E27(标准管节)和E32(最宽的非标准管节)两个管节的偏航响应,采用基于三维线性势流理论的水动力专业分析软件ANSYS-AQWA分析管节的水动力特性和环境载荷作用下的偏航响应。

4.1 计算方法

4.1.1 频域水动力分析方法

频域线性势流理论被广泛用于研究结构与波浪的相互作用问题,其精度已被大量模型试验验证,成为船舶与海洋工程领域的重要水动力分析手段。管节湿拖过程中的浪高较小,采用线性波浪理论即能较为准确地模拟管节和沉放驳在波浪作用下的动力响应。ANSYS-AQWA是船舶与海洋工程行业专业仿真软件,可用于各种浮式结构的水动力特性计算和相关运动分析,被各主要船级社作为分析和验证的标准程序,广泛应用于各种海洋工程(如海上拖航、导管架下水、海洋平台上部结构浮托安装、浮体系泊分析)作业分析。ANSYS-AQWA作为一个集成模块,主要由AQWA-LINE、AQWA-LIBRIUM和AQWA-FER等模块构成。其中,AQWA-LINE用于计算浮体结构在规则波中的水动力响应以及由波浪辐射/衍射引起的任意形状的浮体结构周围的波浪力(包括一阶波浪力、二阶波浪力)。AQWA-LINE基于频域线性势流理论,使用典型的格林函数方法求解浮体结构的波浪力,还可求得浮体的附加质量系数、辐射阻尼系数及浮体六个自由度方向上的运动。此外,AQWA-LINE的水动力分析基于边界元常数元法,对网格的划分要求较高,需要较小的网格才能保证计算结果的精度。

4.1.1.1 ANSYS-AQWA中的坐标系统定义

在ANSYS-AQWA中,为描述浮体运动,通常需要考虑两个坐标系统,即全局坐标系和局部坐标系,如图4-1所示。$Oxyz$为全局坐标系,为右手轴系统,其原点位于平均自由水面上,z轴垂直向上;$O'x'y'z'$为局部坐标系,其坐标原点为物体的重心位置(对于刚体运动的描述,采用刚体重心作为动态参考点更为方便),坐标轴平行于全局坐标系坐标轴。

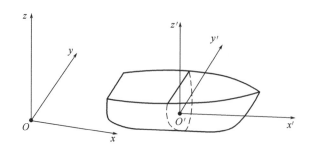

图 4-1 ANSYS-AQWA 中坐标系统示意图

4.1.1.2 频域水动力分析

海洋结构的水动力荷载主要由波浪中水质点的运动、结构的运动以及波浪与结构的相互作用引起,海洋结构设计人员和工程师通常关心海洋结构的三种水动力载荷:拖曳载荷(黏性阻力)、波浪激振载荷和惯性载荷。

拖曳载荷由水的黏性引起,其大小同流体与结构表面相对速度的平方成正比。当结构构件较细且波幅较大时,它们的作用尤为重要。在小振幅波中,波浪一阶激振载荷由一阶入射波力(Froude-Krylov 力)和由于结构物存在而产生的扰动波引起的衍射力组成。波浪惯性载荷或辐射载荷则是由结构运动产生的扰动波引起的。

线性势流理论是求解波浪惯性载荷和波浪激振载荷的常用理论。在 ANSYS-AQWA 中,频域水动力计算基于线性势流理论,其包含如下假设:

①物体静止或有非常小的前进速度。

②流体是无黏、不可压缩的,流体流动是无旋的。

③入射规则波列的振幅相对于其波长来说较小(微幅波)。

④运动是一阶的,因此振幅必须很小,所有的浮体运动都是简谐运动。

1)零航速工况下浮体水动力计算

浮体周围的流体流场速度势 Φ 可定义为:

$$\Phi(\vec{X},t) = a_w \varphi(\vec{X}) e^{-i\omega t} \tag{4-1}$$

式中:$\vec{X}$——流场中任意一点的空间位置坐标,$\vec{X}=(x,y,z)$;

t——时间;

a_w——入射波波幅;

φ——浮体水动力;

ω——波浪频率。

基于线性势流理论假设,可以用线性叠加原理来表示流体域中的速度势。波浪速度势可分解为入射波浪势 φ_I、衍射波浪势 φ_D 和辐射波浪势 φ_R:

$$\varphi(\vec{X})e^{-i\omega t} = [\varphi_I + \varphi_D + \varphi_R]e^{-i\omega t} \tag{4-2}$$

当波浪速度势已知时,利用线性伯努利方程可计算一阶水动力压力 $p^{(1)}$:

$$p^{(1)} = -\rho\frac{\partial \Phi(\vec{X},t)}{\partial t} = i\omega\rho\varphi(\vec{X})e^{-i\omega t} \tag{4-3}$$

从压力分布出发,通过对物体湿表面的压力积分,可以计算出各种流体力:

$$F_j e^{-i\omega t} = -\int_{S_0} p^{(1)} n_j dS = \left[-i\omega\rho\int_{S_0}\varphi(\vec{X}) n_j dS\right]e^{-i\omega t} \quad j=1,2,\cdots,6 \tag{4-4}$$

式中:S_0——平均湿表面面积;

n_j——物体湿表面第 j 个子面域的法向量,方向向内。

由式(4-2),总的一阶波浪力可表示为:

$$F_j = (F_{Ij} + F_{Dj} + F_{Rjk}) \tag{4-5}$$

式(4-5)中,F_{Ij} 为 j 方向上由于入射波产生的波浪力,即 Froude-Krylov 力,具有如下表达式:

$$F_{Ij} = -i\omega\rho\int_{S_0}\varphi_I(\vec{X}) n_j dS \tag{4-6}$$

式(4-5)中,F_{Dj} 为 j 方向上由于衍射波产生的衍射力:

$$F_{Dj} = -i\omega\rho\int_{S_0}\varphi_D(\vec{X}) n_j dS \tag{4-7}$$

式(4-5)中,F_{Rjk} 为 j 方向上由 k 方向上单位振幅运动产生的辐射波引起的辐射力:

$$F_{Rjk} = -i\omega\rho\int_{S_0}\varphi_{Rk}(\vec{X}) n_j dS \tag{4-8}$$

式中:φ_{Rk}——辐射波浪势,可由实部和虚部表示为:

$$\begin{aligned}F_{Rjk} &= -i\omega\rho\int_{S_0}\{\text{Re}[\varphi_{Rk}(\vec{X})] + i\text{Im}[\varphi_{Rk}(\vec{X})]\} n_j dS \\ &= \omega\rho\int_{S_0}\text{Im}[\varphi_{Rk}(\vec{X})] n_j dS - i\omega\rho\int_{S_0}\text{Re}[\varphi_{Rk}(\vec{X})] n_j dS \\ &= \omega^2 A_{jk} + i\omega B_{jk}\end{aligned} \tag{4-9}$$

式中:A_{jk},B_{jk}——分别为附加质量、附加阻尼,可分别表示为:

$$\begin{cases}A_{jk} = \dfrac{\rho}{\omega}\int_{S_0}\text{Im}[\varphi_{Rk}(\vec{X})] n_j dS \\ B_{jk} = -\rho\int_{S_0}\text{Re}[\varphi_{Rk}(\vec{X})] n_j dS\end{cases} \tag{4-10}$$

2)有航速工况下浮体水动力计算

在 ANSYS-AQWA 中,对于有航速的工况,可采用一个与结构前进速度运动等同的移动参考系,其中点的坐标满足:

$$\vec{X} = \vec{U}t + \vec{x} \tag{4-11}$$

式中:$\vec{X}$——相对于固定参考系的点的坐标;

$\vec{U}$——结构相对于固定参考系的速度;

$\vec{x}$——相对于移动参考系的点的坐标。

总的非定常流体速度势随遭遇频率而变化,可表示为:

$$\Phi(\vec{X},t) = a_w \varphi(\vec{X}) \mathrm{e}^{-\mathrm{i}\omega_e t} \tag{4-12}$$

式中:ω_e——遭遇频率,可表示为:

$$\omega_e = \omega - \frac{\omega^2 \vec{U}}{g}\cos\beta \tag{4-13}$$

β——船舶前进方向与波浪传播方向之间的夹角。

在移动参考系中,如果忽略扰动稳定流,则线性自由面方程可表示为:

$$(-\mathrm{i}\omega_e + \vec{U}\cdot\nabla)^2 \varphi + g\frac{\partial \varphi}{\partial z} = 0, \; z = 0 \tag{4-14}$$

物体湿表面边界条件可表达为:

$$\frac{\partial \varphi}{\partial n} = \begin{cases} -\mathrm{i}\omega_e n_j + U m_j \\ -\dfrac{\partial \varphi_\mathrm{I}}{\partial n} \end{cases} \quad j = 1,2,\cdots,6 \tag{4-15}$$

式中:

$$(m_1, m_2, m_3) = (0,0,0) \tag{4-16}$$

$$(m_4, m_5, m_6) = \frac{1}{U}\vec{U}\times\vec{n} \tag{4-17}$$

基于伯努利方程,一阶水动力压力为:

$$p^{(1)} = \rho[\mathrm{i}\omega_e \varphi(\vec{X}) + \vec{U}\cdot\nabla\varphi(\vec{X})]\mathrm{e}^{-\mathrm{i}\omega t} \tag{4-18}$$

j 方向上由于入射波产生的 Froude-Krylov 力为:

$$F_{\mathrm{I}j} = -\rho\int_{S_0}[(\mathrm{i}\omega_e + \vec{U}\cdot\nabla)\varphi_\mathrm{I}(\vec{X})]n_j\mathrm{d}S \tag{4-19}$$

j 方向上由于衍射波产生的衍射力为:

$$F_{\mathrm{D}j} = -\rho\int_{S_0}[(\mathrm{i}\omega_e + \vec{U}\cdot\nabla)\varphi_\mathrm{D}(\vec{X})]n_j\mathrm{d}S \tag{4-20}$$

j 方向上由 k 方向单位振幅运动产生的辐射波引起的辐射力为：

$$F_{Rjk} = \omega^2 A_{jk} + \mathrm{i}\omega B_{jk} = -\rho \int_{S_0} [(\mathrm{i}\omega_e + \vec{U} \cdot \nabla) \varphi_{Rk}(\vec{X})] n_j \mathrm{d}S \tag{4-21}$$

在本小节中，管节的水动力计算考虑了波浪的二阶平均慢漂力，旨在分析包括风、浪、流等所有引起管节偏航的载荷对管节偏航的影响。详细的波浪二阶慢漂力公式可在 ANSYS-AQWA 的理论手册中找到。

3）运动响应幅值计算

基于规则波和浮体简谐运动假设，无航速浮体的频域运动方程可表达为：

$$\{-\omega^2[M + A(\omega)] - \mathrm{i}\omega B(\omega) + C\}\widetilde{X} = \widetilde{F} \tag{4-22}$$

式中： M——浮体刚体质量矩阵；

$A(\omega), B(\omega)$——分别为附加质量矩阵和附加阻尼矩阵；

C——静水力刚度矩阵；

$\widetilde{F}$——复数形式的一阶波浪激振力；

$\widetilde{X}$——复数形式的运动响应幅值。

通过求解式（4-22），ANSYS-AQWA 可得到浮体重心位置处的运动响应，同时只要给定结构重心和从重心到某一位置的矢量，ANSYS-AQWA 可以计算结构的任意一点的幅值响应算子（Response Amplitude Operators，RAO）。在第 m 个结构上的点 $P(x_{m,p}, y_{m,p}, z_{m,p})$ 的 RAO 可用以下关系式求得：

$$(x_{m,p}, y_{m,p}, z_{m,p})^{\mathrm{T}} = \boldsymbol{T} \cdot \widetilde{X} \tag{4-23}$$

重心 $(x_{m,p}, y_{m,p}, z_{m,p})$ 和所求点 P 之间的转置矩阵 $\boldsymbol{T}$ 为：

$$\boldsymbol{T} = \begin{bmatrix} 1 & 0 & 0 & 0 & 0 & 0 \\ 0 & 1 & 0 & 0 & 0 & 0 \\ 0 & 0 & 1 & 0 & 0 & 0 \\ 0 & 0 & 0 & 0 & (z_{m,p} - z_{m,p}) & -(y_{m,p} - y_{m,p}) \\ 0 & 0 & 0 & -(z_{m,p} - z_{m,p}) & 0 & -(x_{m,p} - x_{m,p}) \\ 0 & 0 & 0 & (y_{m,p} - y_{m,p}) & (y_{m,p} - y_{m,p}) & 0 \end{bmatrix} \tag{4-24}$$

管节在有航速情况下的 RAO 也可基于式（4-22）计算，式中的相关参数应换为有航速状态下的浮体水动力系数、波浪力和遭遇频率。

4.1.2 时域分析方法

基于线性假设的频域模型不能求解非线性问题，因此不能分析本工程中的管节编队偏航与纠偏问题。对于非线性问题，通常采用结合时域模型和频域模型的混合模型方法来分析浮体在非线性因素作用下的时域运动响应。混合模型的计算过程为：

①通过频域水动力分析得到浮体的水动力系数(附加质量系数、附加阻尼系数、一阶波浪力、二阶波浪力)。

②基于频域水动力系数,通过余弦变换得到时域模型的脉冲响应函数,并建立基于Cummins方程的时域模型。

③将非线性载荷作为外力加入Cummins方程,可通过龙格库塔数值积分法对运动微分方程进行求解。

本小节以无航速浮体的时域方程为例介绍浮体的时域分析方法。

无航速浮体时域运动方程可表达为:

$$[\boldsymbol{M}+\boldsymbol{A}(\infty)]\ddot{x}(t)+\int_0^t K(t-\tau)\dot{x}(\tau)\mathrm{d}\tau+Cx(t)=f^{\mathrm{wav}}(t)+f^{\mathrm{exc}}(t) \quad (4\text{-}25)$$

式中:$A(\infty)$——浮体无穷大频率附加质量矩阵;

$K(t)$——脉冲响应函数(IRF),卷积积分表示流体记忆效应;

$f^{\mathrm{wav}}(t)$——波浪力(包括一阶和二阶波浪力);

$f^{\mathrm{exc}}(t)$——非线性外载荷,如风载荷、流载荷和拖轮顶推力(纠偏力)。

1)脉冲响应函数计算

时域方程中的脉冲响应函数可通过在频域中计算得到的浮体附加阻尼系数进行余弦变换得到:

$$K(t)=\frac{2}{\pi}\int_0^\infty B(\omega)\cos(\omega t)\mathrm{d}\omega \quad (4\text{-}26)$$

当频率趋于正无穷大时,$B(\omega)$趋近于0。因此,在数值计算中通常引入一个频率上限n,当频率超过该上限时,阻尼系数可忽略不计。在数值计算中,由于计算机内存的限制,实际计算中最大频率S可能低于n。在这种情况下,频率范围为$S \sim n$时的阻尼系数可通过外插法得到:

$$K(t)=\frac{2}{\pi}\int_0^S B(\omega)\cos(\omega t)\mathrm{d}\omega+\frac{2}{\pi}\int_S^n B_\mathrm{a}(\omega)\cos(\omega t)\mathrm{d}\omega \quad (4\text{-}27)$$

式中:$B_\mathrm{a}(\omega)$——在高频率范围($S \sim n$)对$B(\omega)$的近似。

对于有航速的情况,浮体在无穷大频率处的附加阻尼系数不为0。

2)外荷载计算

流载荷计算公式为:

$$F_\mathrm{D}=\frac{1}{2}\rho V^2 A C_\mathrm{d} \quad (4\text{-}28)$$

式中:F_D——流载荷(N);

ρ——水密度(kg/m³),取$\rho=1025$kg/m³;

V——拖航速度或相对流速(m/s);

C_d——流载荷系数,横流取 2.83,纵流取 1.61。

风载荷计算公式如下:

$$F_\mathrm{w} = 0.613 \times 10^{-3} \times V_\mathrm{w}^2 A C_\mathrm{f} \tag{4-29}$$

式中:F_w——风力(N);

V_w——1min 平均风速(m/s),$V_\mathrm{w} = 0.85\ V_{3\mathrm{S}} = 0.85 \times 1.30 \times V_{10\min}$,其中 $V_{10\min} = 13.8\mathrm{m/s}$;

A——管节吃水线以上迎风面积(m^2),包括沉放驳迎风面积;

C_f——风载系数。

在 ANSYS-AQWA 中,外力作用于结构重心处。ANSYS-AQWA 可导入用户定义的力的时间历史文件进行时域分析。根据管节纠偏程序,ANSYS-AQWA 给出的纠偏力施加曲线如图 4-2 所示。图中,t_1 为管节横漂位移达到 5m 的时间,当横漂位移超过 5m 时启动纠偏;t_2 为纠偏程序启动后,旁拖就位时间;t_3 表示纠偏力线性增大到预定值的时间。

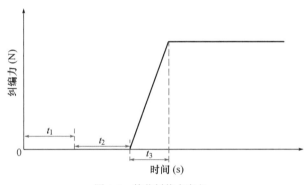

图 4-2 管节纠偏力定义

4.2 管节频域水动力分析

本节重点介绍管节的频域水动力分析结果,采用 ANSYS-AQWA 分析 E27 和 E32 两个管节在 2kn 航速下不同浪向的水动力响应。为确保水动力分析的精度,以 E27 管节为例进行网格收敛性分析,并选用高阶边界元水动力分析软件 DIFFRACT 验证水动力分析结果的准确性。

4.2.1 模型数据

表 4-1 列出了两个管节的几何尺寸及排水量。表 4-2 为管节及沉放驳的重心高度及质量惯性力矩,水动力分析将基于表 4-2 中的数据进行。

管节外形尺寸及排水量　　　　表 4-1

管节编号	高(m)	吃水(m)	前端面宽(m)	后端面宽(m)	长(m)	排水量(t)
E27	10.6	10.27	46.000	46.266	165.0	80093.98
E32	10.6	10.30	53.502	55.410	123.8	71175.37

管节及沉放驳系统的重心高度及质量惯性力矩　　　表 4-2

管节系统	坐标轴	重心距基线高度(m)	系统质量惯性力矩($kg \cdot m^2$)
E27	x 轴	0	1.66×10^{10}
	y 轴	0	1.82×10^{11}
	z 轴	5.418	1.93×10^{11}
E32	x 轴	0	1.93×10^{10}
	y 轴	0	9.34×10^{11}
	z 轴	5.9197	1.08×10^{11}

4.2.2 计算工况

表 4-3 总结了水动力分析的计算工况,其中波浪浪向与水流流向的定义分别如图 4-3、图 4-4 所示(在计算中,假设风向和浪向一致)。流速和风速分析将在时域中进行。

水动力数值分析计算工况　　　表 4-3

浪向 $\theta(°)$	航速(kn)	水深(m)
0	2	12.5
45		
90		
90		
-90		

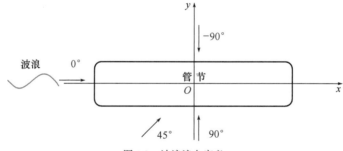

图 4-3 波浪浪向定义

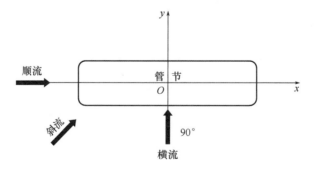

图 4-4 水流流向定义

4.2.3 数值计算验证

4.2.3.1 网格收敛性分析

在水动力计算中,边界元单元的大小直接影响数值模拟结果的精度。在进行数值模拟之前,应先对模型网格进行收敛性分析,以保证模型计算结果的正确性。在 ANSYS-AQWA 建模时,针对 E27 管节,分别选取 1.5 m、1.8 m 和 2.0m 三种网格尺寸进行数值分析。图 4-5 为模型网格示意图。图 4-6~图 4-8 为针对不同网格尺寸模型计算得到的横摇、纵摇和垂荡运动响应对比,由图 4-6~图 4-8 可知,网格尺寸为 1.5 m 时与网格尺寸为 1.8 m 时的计算结果完全吻合,而网格尺寸为 2.0m 时模型计算结果存在明显的差异。因此,在后续计算中选取 1.8 m 作为管节边界元模型的单元尺寸。

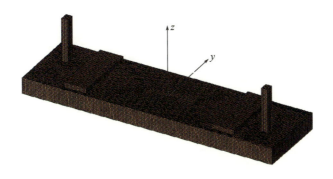

图 4-5 ANSYS-AQWA 中的管节边界元模型

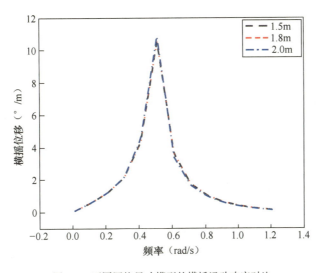

图 4-6 不同网格尺寸模型的横摇运动响应对比

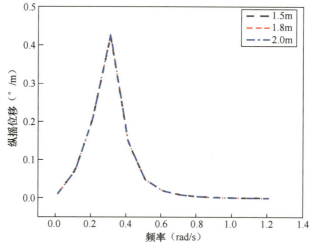

图 4-7　不同网格尺寸模型的纵摇运动响应对比

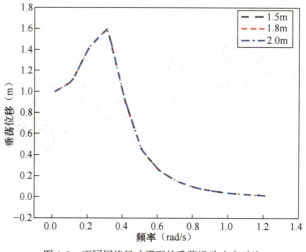

图 4-8　不同网格尺寸模型的垂荡运动响应对比

4.2.3.2　ANSYS-AQWA 与 DIFFRACT 计算结果对比验证

数值软件的计算结果与初始输入参数、使用者的熟练程度有很大的关系。为保证数值计算的参数输入和 ANSYS-AQWA 使用过程的正确性,使用 DIFFRACT 对管节进行水动力对比分析,通过对比 DIFFRACT 和 ANSYS-AQWA 的计算结果来验证参数定义的准确性以及 ANSYS-AQWA 计算结果的准确性。图 4-9 和图 4-10 分别为 ANSYS-AQWA 和 DIFFRACT 中的网格计算模型。在 DIFFRACT 中进行分析时,只对水线面以下部分进行建模分析。对于轴对称模型,无须建立完整模型。由于管节模型分别沿 x 轴和 y 轴对称,为节省计算时间,在 DIFFRACT 中只建了四分之一模型。

对两软件计算所得的纵摇和垂荡附加阻尼、附加质量进行对比,结果如图 4-11 ~ 图 4-14 所示。可以看出,两软件计算所得的纵摇和纵荡方向上的水动力系数基本重合,说明 ANSYS-AQWA 的建模与计算是正确、合理的。

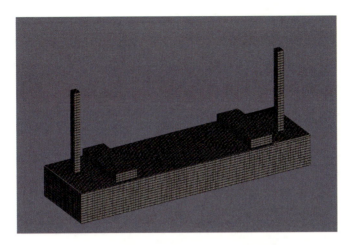

图 4-9　ANSYS-AQWA 中的 E27 管节网格模型

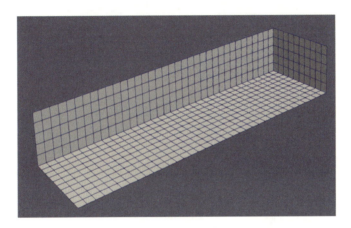

图 4-10　DIFFRACT 中的 E27 管节网格模型（四分之一模型）

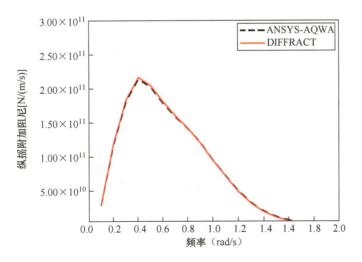

图 4-11　纵摇附加阻尼对比

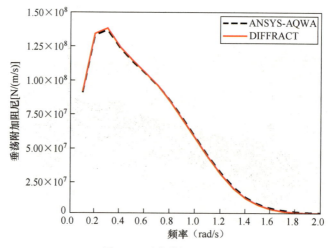

图 4-12　垂荡附加阻尼对比

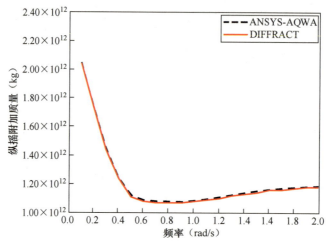

图 4-13　纵摇附加质量对比

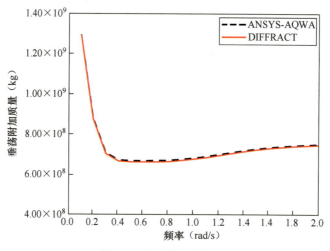

图 4-14　垂荡附加质量对比

4.2.4 频域水动力分析

ANSYS-AQWA 中的频域分析主要基于三维势流理论和辐射/衍射理论。对有航速的浮体进行水动力分析时,采用移动脉动源网格格林函数求解其周围的流场,进而对其建立运动方程。通过求解运动方程,得到不同自由度的 RAO 随波频的变化曲线。图 4-15 为波浪入射角为 90°时,管节的垂荡、横摇和纵摇运动 RAO 随波浪频率的变化情况。可以看出,两个管节的 RAO 略有不同,特别是纵摇 RAO,这是由于 E32 管节不对称导致横浪条件下产生更大的纵摇运动。本书后续分析中,选取波浪周期为 6s 进行时域纠偏分析。在频域分析中,波浪频率为 1.06rad/s($T=6$s)时对应的垂荡、横摇和纵摇 RAO 分别为 0.0318m/m、0.3°/m 和 0.0012°/m;E32 管节在 1.06rad/s 波浪频率下对应的垂荡、横摇和纵摇 RAO 分别为 0.0238m/m、0.184°/m 和 0.001°/m。

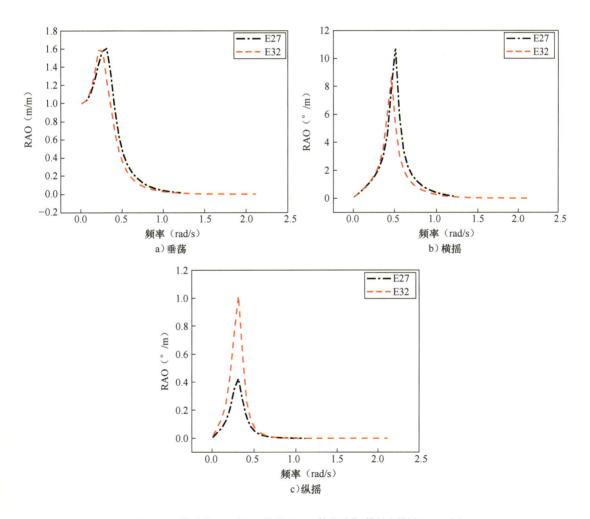

图 4-15　入射波为 90°时 E27 管节和 E32 管节垂荡、横摇和纵摇 RAO 对比

根据频域水动力计算结果,可通过特征值计算管节在垂荡、横摇和纵摇运动的固有周期,具体计算结果如图 4-16 所示。管节在三个方向的固有周期均在 10s 以上,特别是垂荡和纵摇固有周期较大,在 20s 附近变化。横摇周期略小,但也远大于本书纠偏分析考虑的周期为 6s 的规则波。因此,在时域分析中,管节刚体运动的响应周期主要受到波浪激振力周期(波浪周期)的影响。

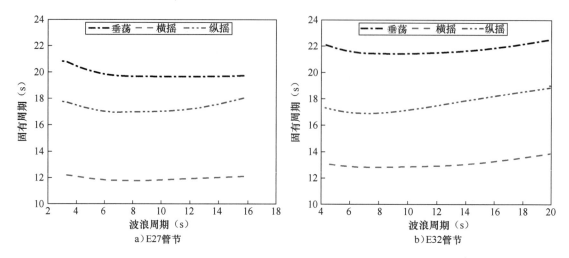

图 4-16 E27 和 E32 管节在垂荡、横摇和纵摇运动的固有周期

4.3 拖航时域纠偏分析

管节和沉放驳在拖航过程中,在环境载荷作用下将产生横向位移;由于拖航航道宽度和整个拖轮编队布局宽度的限制,当管节的横向位移较大时,可能引发险情。因此,在拖航过程中需要对管节进行纠偏,通常是通过旁拖顶推和拖拉来矫正管节运动轨迹。采用的管节纠偏响应程序可分为偏航警戒阶段、拖轮就位调整阶段、拖轮启动阶段和纠偏阶段。针对 E27 和 E32 管节,本节基于频域水动力分析结果,通过在时域运动模型中引入人为定义的纠偏力,开展管节纠偏响应分析,研究最大纠偏力、旁拖就位时间和流速对管节偏航运动的影响,为管节拖航航道设计提供必要的参考数据。

4.3.1 标准管节 E27 纠偏运动响应分析

本小节对两个浮运航段(X0~X6 段和 X6~X9 段)的管节纠偏运动响应分别进行分析。

4.3.1.1 X0~X6 段管节纠偏运动响应

根据表 4-4 的数据,X0~X6 段的最大横流流速为 0.24 m/s。由于横流是造成拖轮编队横向偏航的主要原因,为计及实测环境数据的不确定性和保守考虑,本小节考虑 X0~X6 段的最大横流流速为 0.3 m/s。相关环境参数总结在表 4-5 中。

第4章 拖航纠偏运动响应数值分析研究

浮运航道各段的流速　　　　　　　　　　　　　表4-4

航　段	最大横流流速（m/s）	最大纵流流速（m/s）	水　情
X0～X6	0.24	0.80	2016年洪季小潮、2016年枯季小潮
X6～X7	0.32	0.53	
X7～X9	0.48	0.42	

X0～X6段航道的环境条件　　　　　　　　　　　表4-5

参　数	取　值	参　数	取　值
风速	13.8m/s	顶流流速	1.028m/s
横流流速	0.3m/s	波浪周期	6s
波高	0.8m		

为保证拖航的安全性，要求纠偏过程中管节最大偏航值在一定范围内。图4-17为纠偏过程中管节的航迹示意图，它展示了在不同纠偏力作用下，管节在X0～X6段的偏航运动情况。

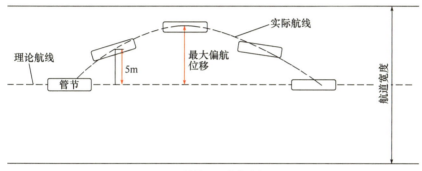

图4-17　纠偏过程中管节航迹图

图4-18为拖航过程中，在未施加纠偏力时X0～X6段管节在横浪和横风作用下的横漂运动响应。通过分析拖航过程中管节在横浪和横风作用下的横漂运动响应可知，在未施加纠偏力时，拖航时间为110s时，管节横漂位移达偏航警戒值（5m）。

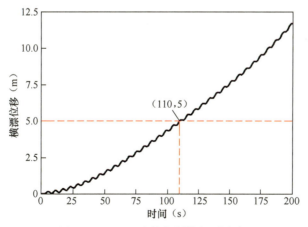

图4-18　X0～X6段管节的横漂运动响应

在对 X0~X6 段的管节纠偏运动响应分析中,将拖轮拖力调整到指定纠偏力所需时间 t_3 假定为 40s。在分析过程中,通过改变纠偏力幅值和旁拖就位时间来对管节偏航运动进行控制,预判在给定纠偏力幅值和旁拖就位时间的条件下,管节发生的最大偏航位移及是否能够被拖回原来的航线。根据已有拖轮和拖轮布置,选取 4 艘 5000HP 旁拖进行横漂纠偏。拖轮最大系柱力为 650kN,考虑实际中拖轮自身会受到阻力,以拖轮功率达到 80% 额定功率时所提供的拖力作为拖轮能够提供的最大系柱拖力 F。

表 4-6 总结了 X0~X6 段管节在不同纠偏力作用下的纠偏运动响应。图 4-19 为管节在不同纠偏力作用下的偏航航迹线。由表 4-6 中数据可以看出,3 种工况产生的最大偏航位移相当,但当纠偏力较小时,旁拖就位时间应较短,否则会产生更大的偏航位移。纠偏力越大,允许的旁拖就位时间越长,回归航线的时间越短。如在 $0.2F$ 作用下,旁拖就位时间为 60s,管节回归航线时间为 895s(14.9min);而在 $0.6F$ 作用下,相应的时间则分别为 140s 和 443s。

X0~X6 段管节纠偏运动响应 表 4-6

工况	最大偏航位移(m)	最大偏航对应时间(s)	旁拖就位时间(s)	回归航线时间(s)
$0.2F$	21.2	402	60	895
$0.4F$	21.0	311	120	534
$0.6F$	19.6	285	140	443

注:F 为 80% 额定功率下的拖轮拖力。

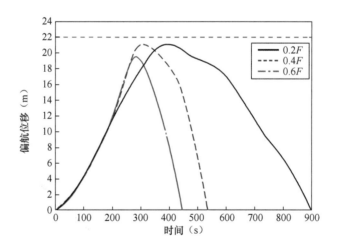

图 4-19 不同纠偏力作用下 X0~X6 航段管节偏航航迹线

管节拖航航道水深约为 12.5m,管节吃水 10.27m,因此航道富余水深较小。为判断纠偏过程中是否会发生触底,对管节底部 4 个角点的垂荡运动进行分析。图 4-20 为管节角点示意图,坐标系位于管节水线面上,坐标原点位于管节重心的正上方。

由于 ANSYS-AQWA 计算所得的运动响应为管节重心处的运动响应,故管节底部角点处的位移可根据式(4-30)计算得到:

$$z_i = D + (z_c - z_g) + R_x y_i + R_y x_i \qquad i = A, B, C, D \qquad (4\text{-}30)$$

式中：z_i——角点处的垂荡运动响应；

D——管节底部角点垂向坐标；

z_c——管节重心处垂荡运动响应；

z_g——沉管重心；

R_x——管节横摇运动响应；

R_y——管节纵摇运动响应；

(x_i, y_i)——各角点处的垂向坐标。

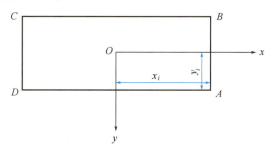

图 4-20　管节角点示意图

图 4-21～图 4-23 为不同纠偏力作用下管节重心处的垂荡、横摇和纵摇运动响应以及管节底部各角点的垂荡运动响应。在拖航过程中，管节底部各角点的垂荡位移范围见表 4-7。可以看出，$0.2F$ 作用下，管节各角点的垂荡位移范围为 $-10.35 \sim -10.20\text{m}$；$0.4F$ 作用下，管节各角点的垂荡位移范围为 $-10.425 \sim -10.175\text{m}$；$0.6F$ 作用下，管节各角点的垂荡位移范围为 $-10.50 \sim -10.05\text{m}$。同时可以看出，纠偏力越大，管节各角点的垂荡运动幅度越大，这与工程实践中的观测规律基本吻合。在这三种工况下，拖航过程中管节并未发生触底（相对于管节局部坐标系，航道底部垂向坐标为 -12.5m）。上述数据可为管节拖航航道水深的确定提供参考。

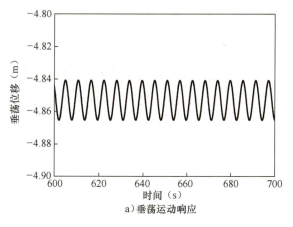

a）垂荡运动响应

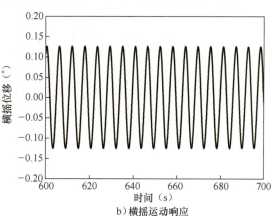

b）横摇运动响应

图 4-21

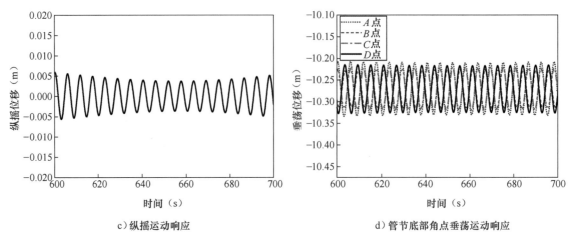

c）纵摇运动响应　　　　　　　　　d）管节底部角点垂荡运动响应

图 4-21　E27 管节在 0.2F 作用下的垂荡、横摇、纵摇运动响应及管节底部角点垂荡运动响应

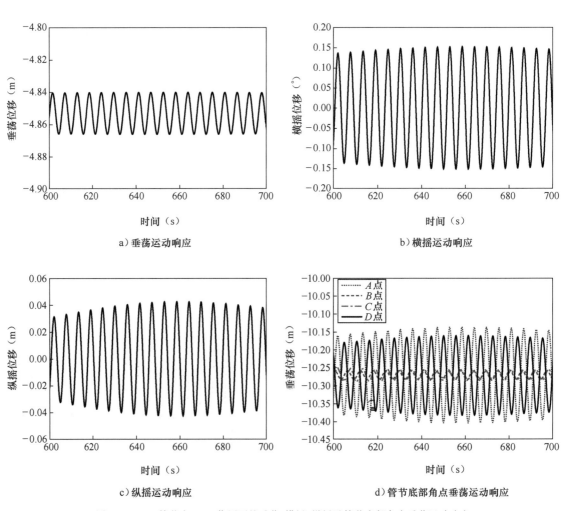

a）垂荡运动响应　　　　　　　　　b）横摇运动响应

c）纵摇运动响应　　　　　　　　　d）管节底部角点垂荡运动响应

图 4-22　E27 管节在 0.4F 作用下的垂荡、横摇、纵摇及管节底部角点垂荡运动响应

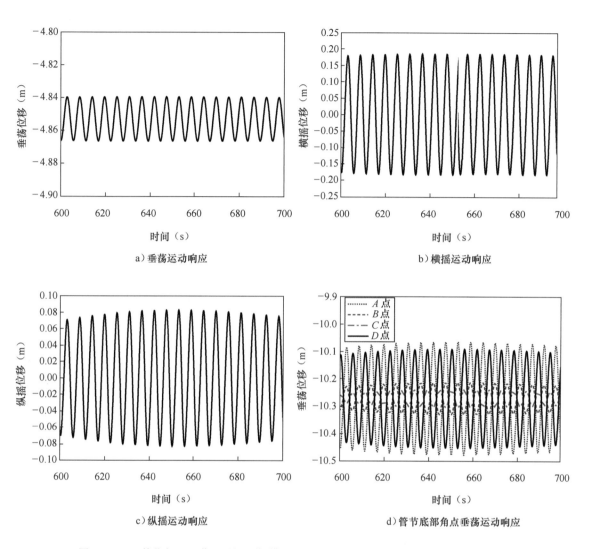

图 4-23 E27 管节在 0.6F 作用下的垂荡、横摇、纵摇运动响应以及管节底部角点垂荡运动响应

X00~X60 段管节角点垂荡位移 表 4-7

工　况	管节角点垂荡位移(m)
0.2F	−10.35 ~ −10.20
0.4F	−10.425 ~ −10.175
0.6F	−10.50 ~ −10.05

4.3.1.2 X6~X9 段纠偏运动响应

本小节分析在 X6~X9 段,不同横流流速、不同纠偏力作用及不同旁拖就位时间下的管节偏航运动及纠偏运动响应。表 4-8 为 X6~X9 段环境条件参数。

X6～X9 段环境条件参数　　　　表 4-8

参　数	取　值	参　数	取　值
横流流速	0.6m/s	风速	13.8m/s
波高	0.8m	波浪周期	6s

在 X6～X9 段,由于横流流速较大,因此将纠偏过程中拖轮拖力达到预设值的时间假定为 $t_3 = 30s$。基于以上假设,以旁拖就位时间 t_2 和纠偏力为变量,分析横流流速为 0.6m/s、0.5m/s、0.4m/s 和 0.3m/s 等工况下管节偏航运动响应。图 4-24 为不同横流流速作用下管节的横漂运动响应,表 4-9 列出了管节在不同横流作用下横漂位移达到 5m 所用时间。由表 4-9 可知,在横流流速为 0.6m/s 时,偏航达到预设值(5m)所用时间为 56s;在横流流速为 0.5m/s 时,偏航达到预设值(5m)的时间为 67s;在横流流速为 0.4m/s 时,偏航达到预设值(5m)所用时间为 85s。根据 X0～X6 航段的分析可知:在横流流速为 0.3m/s 时,偏航达到预设值(5m)所用时间为 110s。表 4-10 汇总了不同工况下的管节纠偏运动响应,其中"×"代表不能成功纠偏。

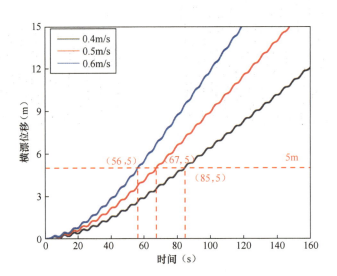

图 4-24　不同横流速度下管节横漂运动响应

E27 管节在不同横流流速下横漂位移达到 5m 所用时间　　　　表 4-9

流向 β(°)	浪向 θ(°)	流速(m/s)	横漂达到 5m 所用时间(s)
90	90	0.6	56
		0.5	67
		0.4	85
		0.3	110

不同工况下 E27 管节与沉放驳的纠偏运动响应　　　　　　　　　表 4-10

横流流速（m/s）	旁拖就位时间（s）	变化力时间（s）	纠偏力	最大横漂位移（m）	达到最大横漂位移所用时间(s)	结束时间（s）
0.6	100	30	0.5F	49.982	566	1000
			0.6F	42.221	352	932
			0.7F	36.931	335	649
	80	30	0.4F	×	1000	1000
			0.5F	43.254	554	1000
			0.6F	36.421	335	840
	50	30	0.4F	×	1000	1000
			0.5F	34.291	334	1000
			0.6F	27.441	311	661
	40	30	0.4F	×	1000	1000
			0.5F	31.210	323	1000
0.5	100	30	0.3F	×	1000	1000
			0.4F	39.301	384	1000
			0.5F	32.906	349	710
	80	30	0.3F	×	1000	1000
			0.4F	34.478	361	1000
	50	30	0.5F	×	1000	1000
			0.4F	39.301	384	1000
	40	30	0.2F	×	1000	1000
			0.3F	×	1000	1000
			0.4F	37.264	337	1000
0.4	100	30	0.2F	×	1000	1000
			0.3F	32.057	405	1000
			0.4F	25.601	380	636
	80	30	0.2F	×	1000	1000
			0.3F	28.095	376	975
	50	30	0.1F	×	1000	1000
			0.2F	×	1000	1000
	40	30	0.2F	×	1000	1000
			0.3F	20.592	340	797
0.3	80	30	0.1F	×	1000	1000
			0.2F	23.927	426	1000
			0.3F	17.172	344	558
	50	30	0.1F	×	1000	1000
			0.2F	19.423	379	876
			0.3F	12.877	320	477

图 4-25 给出了在横流流速为 0.6m/s 时不同纠偏力和旁拖就位时间下的横漂运动响应。由图 4-25 可知,当纠偏力为 0.4F 时,管节的横漂位移较大,即使在最短的旁拖就位时间(40s)情况下,长时间施加力也不能成功纠偏。这是因为施加的纠偏力远小于管节所受到的横向环境载荷。而当纠偏力为 0.5F 时,管节的横漂运动会因为旁拖就位时间的长短而有所差异。在旁拖就位时间为 40s 和 50s 时,管节的横漂位移较小,不超过 40m;旁拖就位时间为 80s 和 100s 情况下,管节最大横漂位移略大于 40m,管节回归到原航道的时间更长。这主要是由于施加的横向作用力略大于初始情况下管节所受的横向载荷,当力作用在管节上之后,管节的运动状态发生改变,所受环境载荷变小,在纠偏力与环境载荷合力作用下,管节被牵引回原来航道。当纠偏力为 0.6F 时,随着旁拖就位时间增加,管节的横漂位移逐渐增加,但在持续纠偏力作用下,管节仍旧会回到原航道。纠偏力越大,管节回到原来航道所需要的时间越短。

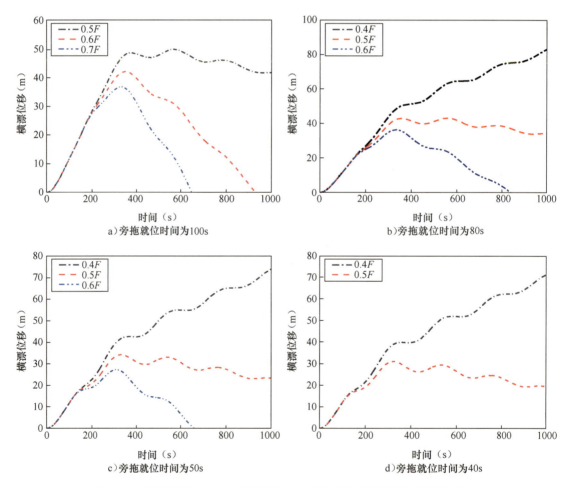

图 4-25 横流流速为 0.6m/s 时不同旁拖就位时间和纠偏力作用下的横漂运动响应

图 4-26 给出了在横流流速为 0.5 m/s 时不同纠偏力和旁拖就位时间下的横漂运动响应。当横流流速为 0.5 m/s、纠偏力小于 0.3F 时,即使在最短的旁拖就位时间情况下,长时间施加力也不能成功纠偏。这是因为施加的纠偏力远小于管节所受到的横向环境载荷。而当纠偏力

为 0.4F 时,管节的横漂位移接近 40m,施加纠偏力之后可以在一定时间内将管节的运动轨迹纠正到原来航道,但即使在旁拖就位时间为 40s 情况下仍需要约 17min,所需时间较长。

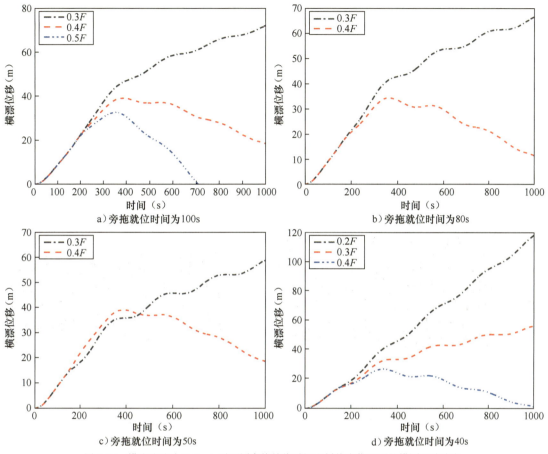

图 4-26 横流流速为 0.5m/s 时不同旁拖就位时间和纠偏力作用下的横漂运动响应

此外,由表 4-10 可知,当横流流速为 0.4m/s、纠偏力为 0.2F 和 0.1F 时,不能成功纠偏;当纠偏力为 0.3F 时,在四种旁拖就位时间下均能纠偏,旁拖就位时间越短,管节最大横漂位移越小,最大横漂位移在 20.592~32.057m 之间。当横流流速为 0.3m/s、纠偏力为 0.1F 时,不能成功纠偏;当纠偏力为 0.3F、反应时间为 50s 时,管节最大横漂位移最小,仅为 12.877m。

图 4-27、图 4-28 分别给出了在 0.5F 和 0.3F 作用下不同旁拖就位时间对管节横漂位移的影响。在同一流速下,对管节施加同样的纠偏力,由于旁拖就位时间不同,管节偏航达到特定值所需要的时间会有所差异。管节越晚被施加纠偏力,在环境载荷下管节自由横漂的时间越长,漂得越快。因而,在实际纠偏过程中,应当尽量缩短旁拖就位时间。

图 4-29 为横流流速为 0.6m/s 时,不同纠偏力作用下管节重心处的垂荡、横摇和纵摇运动响应以及管节底部各角点的垂荡运动响应。可以看出,0.6m/s 流速下,管节各角点的垂荡位移范围为 -10.35~-10.20m,航道水深约为 12.5m,在管节拖航过程中具备足够的富余水深,触底的可能性较小。

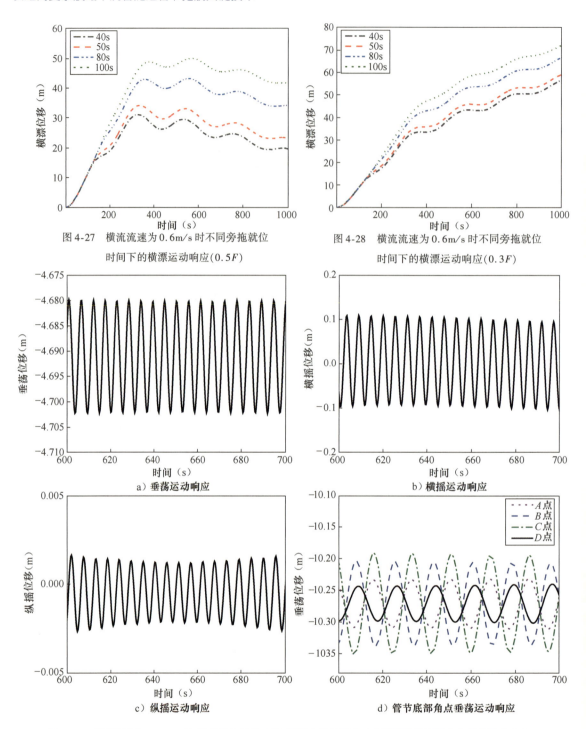

图4-27 横流流速为0.6m/s时不同旁拖就位时间下的横漂运动响应(0.5F)

图4-28 横流流速为0.6m/s时不同旁拖就位时间下的横漂运动响应(0.3F)

a）垂荡运动响应

b）横摇运动响应

c）纵摇运动响应

d）管节底部角点垂荡运动响应

图4-29 横流流速为0.6m/s时,管节重心处的垂荡、横摇和纵摇运动响应以及管节底部角点垂荡运动响应

4.3.2 非标准管节E32纠偏运动响应分析

根据非标准管节的拖轮配置,只有两艘旁拖提供管节纠偏力,因此管节受到的最大纠偏力为

2×650×0.8＝1040kN。由于横流流速较大,因此将纠偏过程中拖轮拖力达到预设值的时间假定为30s。基于以上假设,以旁拖就位时间和纠偏力为变量,分析流速为0.6m/s、0.5m/s、0.4m/s和0.3m/s等工况下、不同纠偏力作用下E32管节的纠偏运动情况。图4-30为不同横流流速作用下未施加纠偏力时E32管节的偏航运动响应,表4-11为管节在不同横流作用下横漂位移达到5m所用时间。由表4-11可知,管节在横流流速为0.6m/s时,偏航达到预设值(5m)的时间为59s;在横流流速为0.5m/s时,偏航达到预设值(5m)的时间为72s;在横流流速为0.4m/s时,偏航达到预设值(5m)的时间为90s;在横流流速为0.3m/s时,偏航达到预设值(5m)的时间为121s。

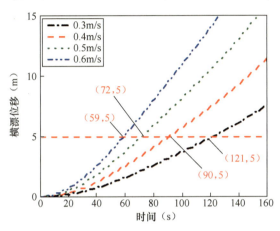

图4-30　不同横流流速下管节横漂运动响应

E32管节在不同横流流速下横漂位移达到5m所用时间　　　　表4-11

流向(°)	浪向(°)	横流流速(m/s)	横漂达到5m所用时间(s)
90	90	0.6	59
		0.5	72
		0.4	90
		0.3	121
		0.2	169

表4-12汇总了不同工况下的E32管节的纠偏运动情况,考虑了不同旁拖就位时间(80s、70s和50s)、不同流速(0.3m/s、0.4m/s、0.5m/s、0.6m/s)和不同纠偏力(0.2F、0.3F、0.4F、0.5F、0.6F)作用下的管节纠偏运动响应。表中,"×"代表不能成功纠偏,"√"代表能成功纠偏。总体来看,当流速较大时,需要较大的纠偏力才能保证管节最大横漂位移不会过大。以横流流速0.6m/s为例,当两艘旁拖最大纠偏力100%施加在管节上时,最大横漂位移在反应时间50s时为24.972m。当横流流速较小时(如0.3m/s),施加的纠偏力达到0.8F时,管节最大横漂位移仅为11.231m。管节的横漂运动会因为旁拖就位时间的长短而有所差异。旁拖就位时间越长,在同样的环境载荷下管节自由横漂的时间越长,横漂越快,管节偏航达到同样值所需要的时间越短,管节的最大横漂位移越大。因而,在实际纠偏过程中应当尽量缩短旁拖就位时间。在旁拖就位时间一定时,纠偏力越大,管节回到原来航道所需要的时间越短。所以,当发现偏航情况时,应该在尽可能短的时间内施加尽可能大的纠偏力,避免发生意外事件。

不同工况下管节 E32 与沉放驳的纠偏运动响应 表 4-12

横流流速（m/s）	旁拖就位时间(s)	变化力时间(s)	纠偏力	最大横漂位移（m）	达到最大横漂位移所用时间(s)	结束时间(s)	纠偏结束时的横漂位移（m）	能否纠偏
0.6	80	30	0.6F	82.812	1000	1000	82.812	×
			0.8F	39.386	329	1000	18.586	√
			1.0F	33.133	295	645	0.000	√
	70	30	0.6F	79.724	1000	1000	79.724	×
			0.8F	36.561	312	1000	14.483	√
			1.0F	30.354	289	600	0.000	√
	50	30	0.6F	74.032	1000	1000	74.032	×
			0.8F	31.312	294	1000	6.756	√
			1.0F	24.972	272	530	0.000	√
0.5	80	30	0.4F	85.793	1000	1000	85.793	×
			0.6F	34.073	355	1000	11.250	√
			0.8F	27.404	303	584	0.000	√
	70	30	0.4F	83.276	1000	1000	83.276	×
			0.6F	31.635	338	1000	7.866	√
			0.8F	25.130	297	557	0.000	√
	50	30	0.4F	78.617	1000	1000	78.617	×
			0.6F	26.979	308	1000	0.821	√
			0.8F	20.521	280	501	0.000	√
0.4	80	30	0.2F	108.922	1000	1000	108.922	×
			0.4F	31.740	502	1000	18.152	√
			0.6F	22.471	323	580	0.000	√
	70	30	0.2F	107.070	1000	1000	107.07	×
			0.4F	29.575	496	1000	15.196	√
			0.6F	20.665	311	552	0.000	√
	50	30	0.2F	103.518	1000	1000	103.518	×
			0.4F	25.196	478	1000	9.362	√
			0.6F	17.106	288	500	0.000	√
0.3	80	30	0.2F	48.985	1000	1000	48.985	×
			0.4F	19.824	378	644	0.000	√
			0.6F	16.136	268	462	0.000	√
	70	30	0.2F	46.705	1000	1000	46.705	×
			0.4F	18.260	361	616	0.000	√
			0.6F	14.787	262	443	0.000	√
	50	30	0.2F	42.532	1000	1000	42.532	×
			0.4F	15.465	326	563	0.000	√
			0.6F	12.111	239	403	0.000	√
			0.8F	11.231	215	349	0.000	√
0.2	50	30	0.2F	16.820	435	850	0.000	√
			0.4F	11.197	282	468	0.000	√
			0.6F	10.424	259	395	0.000	√
			0.8F	10.063	253	352	0.000	√

第4章 拖航纠偏运动响应数值分析研究

与 E27 管节的纠偏运动响应类似,纠偏力越大、旁拖就位时间越短,管节最大横漂位移越小;当横流流速越大,需要更大的纠偏力和更短的旁拖就位时间才能保证管节不会发生过大的偏航,从而对航道尺度设计提出更高的要求。

图 4-31 给出了在流速为 0.6m/s 时不同纠偏力和旁拖就位时间下的管节横漂运动情况。由图可知,当纠偏力为 0.6F 时,管节的横漂位移较大,即使在最短的旁拖就位时间(50s)情况下,长时间施加力也不能成功纠偏。这是因为施加的纠偏力远小于管节所受到的横向环境载荷。而当纠偏力为 0.8F 和 1.0F 时,在持续纠偏力作用下,管节最终会回到原航道,管节的最大横漂位移不会超过 40m。这主要是由于施加的横向作用力大于初始情况下管节所受的横向载荷,当力作用在管节之后,管节的运动状态发生改变,所受环境载荷变小,在纠偏力与环境载荷合力作用下,管节被牵引回原来航道。

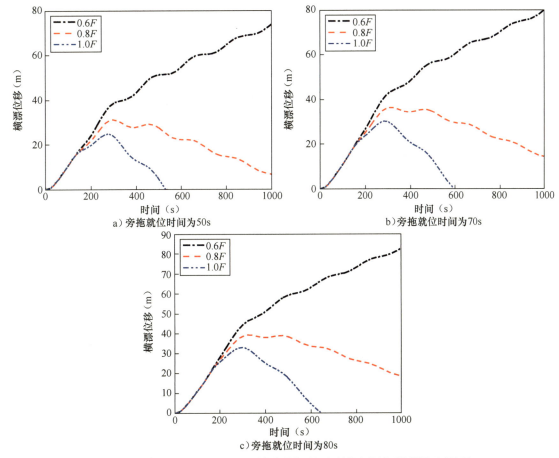

图 4-31 横流流速为 0.6m/s 时不同旁拖就位时间和纠偏力作用下的横漂运动情况

从图 4-32 中可以看出,当横流流速为 0.5m/s、纠偏力小于 0.4F 时,即使在最短的旁拖就位时间情况下,长时间施加力也不能成功纠偏。这是因为施加的纠偏力远小于管节所受到的横向环境载荷。而当纠偏力为 0.6F 和 0.8F 时,管节的横漂位移不超过 40m,施加纠偏力之后可以在一定时间内将管节的运动轨迹纠正到原来航道。在纠偏力为 0.6F、旁拖就位时间为 50s 的情况下，需要约 17min，所需时间较长。

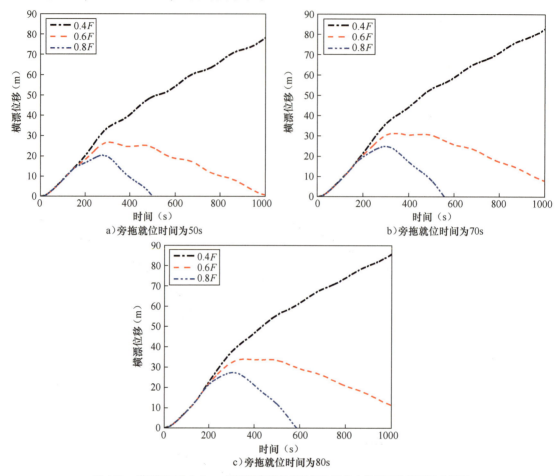

图 4-32　横流流速为 0.5m/s 时不同旁拖就位时间和纠偏力作用下的横漂运动情况

从图 4-33 中可以看出，当横流流速为 0.4m/s、纠偏力小于 0.2F 时，即使在最短的旁拖就位时间情况下，长时间施加力也不能成功纠偏。这是因为施加的纠偏力远小于管节所受到的横向环境载荷。而当纠偏力为 0.4F 和 0.6F 时，管节的横漂位移不超过 30m，施加纠偏力之后可以在一定时间内将管节的运动轨迹纠正到原来航道，在纠偏力为 0.6F、反应时间为 50s 情况下，超过 17min，所需时间较长。

从图 4-34 中可以看出，当横流流速为 0.3m/s、纠偏力小于 0.2F 时，即使在最短的旁拖就位时间情况下，长时间施加力也不能成功纠偏。这是因为施加的纠偏力远小于管节所受到的横向环境载荷。而当纠偏力为 0.4F 和 0.6F 时，管节的横漂位移不超过 20m，施加纠偏力之后可以在一定时间内将管节的运动轨迹纠正到原来航道。在纠偏力为 0.2F、旁拖就位时间为 50s 情况下，超过 17min，所需时间较长。

管节拖航航道水深约为 12.5 m，E32 管节吃水 10.3m，因此航道富余水深较小。为判断管节纠偏过程中是否会触底,对管节底部四个角点的垂荡运动响应进行分析。图 4-35 为 E32 管节底部角点示意图,坐标系位于管节水线面上,坐标原点为管节重心的正上方。

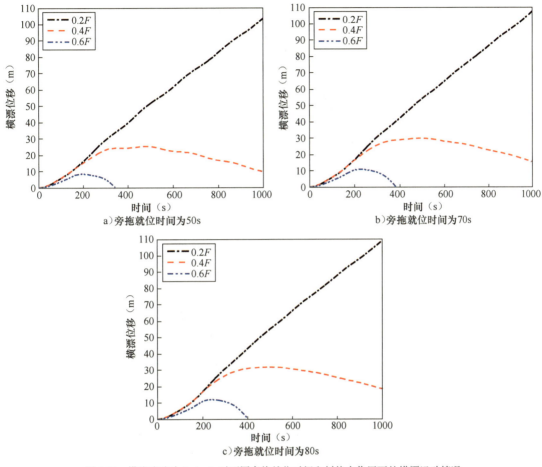

图 4-33　横流流速为 0.4m/s 时不同旁拖就位时间和纠偏力作用下的横漂运动情况

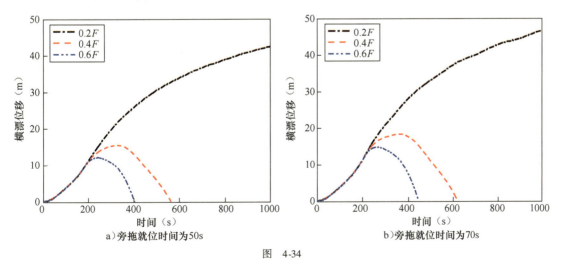

图 4-34

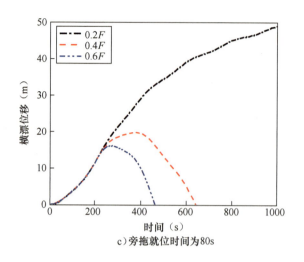

c) 旁拖就位时间为80s

图 4-34 横流流速为 0.3m/s 时不同旁拖就位时间和纠偏力作用下的横漂运动情况

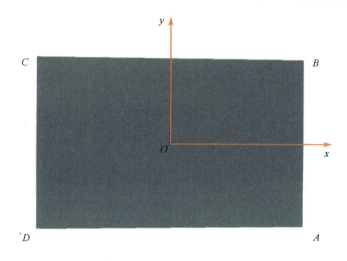

图 4-35 管节 E32 底部角点示意图

在拖航过程中,不同工况下管节底部角点垂荡运动响应如图 4-36 ~ 图 4-47 所示,图 4-36 ~ 图 4-38 为横流流速为 0.6m/s 时管节底部角点垂荡运动响应;图 4-39 ~ 图 4-41 为横流流速为 0.5m/s 时管节底部角点垂荡运动响应;图 4-42 ~ 图 4-44 为横流流速为 0.4m/s 时沉管底部角点垂荡运动响应;图 4-45 ~ 图 4-47 为横流流速为 0.3m/s 时管节底部角点垂荡运动响应。在以上工况下,各角点的垂荡位移在 -10.38 ~ -10.28m 范围内,垂荡运动幅度较小,发生触底的风险也较小。上述数据可为管节拖航航道水深的确定提供参考。

第4章 拖航纠偏运动响应数值分析研究

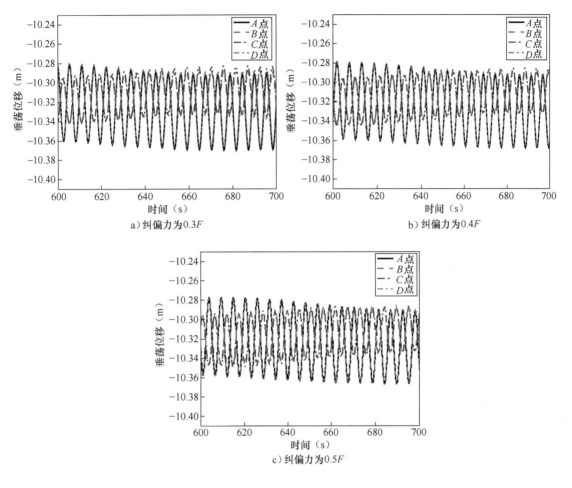

图 4-36 横流流速为 0.6m/s、旁拖就位时间为 50s 时管节底部角点垂荡运动响应

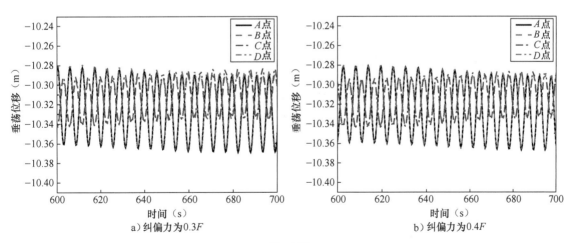

图 4-37

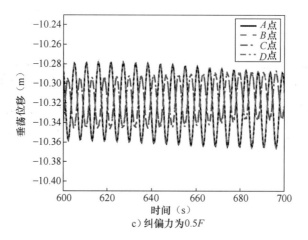

c)纠偏力为0.5F

图 4-37　横流流速为 0.6m/s、旁拖就位时间为 70s 时管节底部角点垂荡运动响应

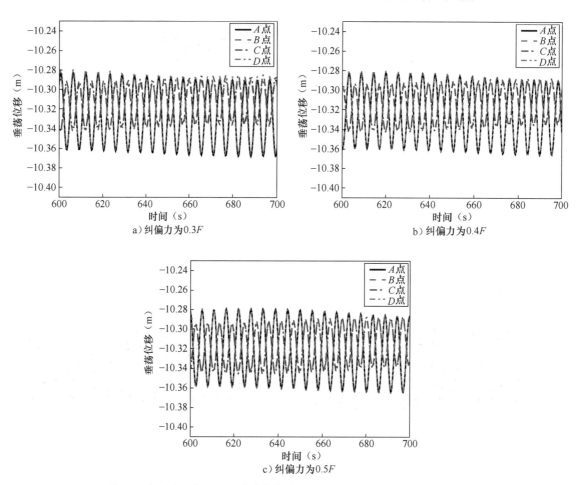

图 4-38　横流流速为 0.6m/s、旁拖就位时间为 80s 时管节底部角点垂荡运动响应

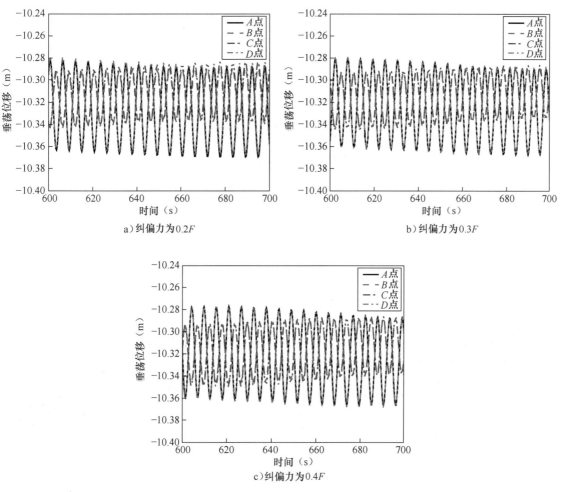

图 4-39 横流流速为 0.5m/s、旁拖就位时间为 50s 时管节底部角点垂荡运动响应

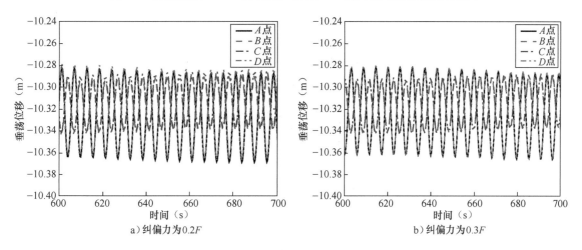

图 4-40

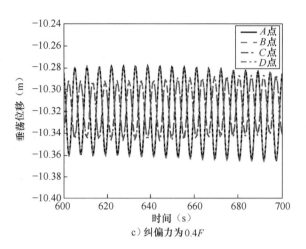

c）纠偏力为0.4F

图4-40　横流流速为0.5m/s、旁拖就位时间为70s时管节底部角点垂荡运动响应

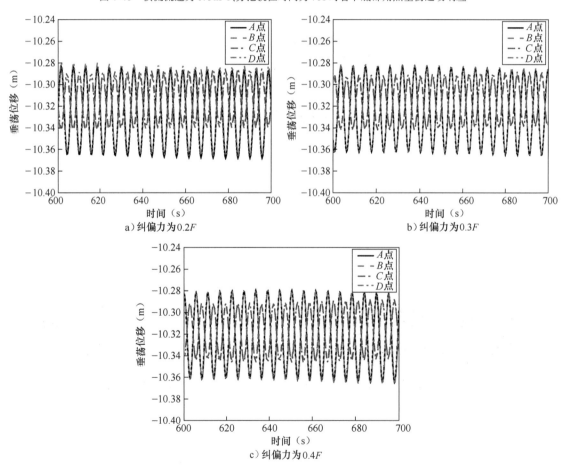

图4-41　横流流速为0.5m/s、旁拖就位时间为80s时管节底部角点垂荡运动响应

第4章 拖航纠偏运动响应数值分析研究

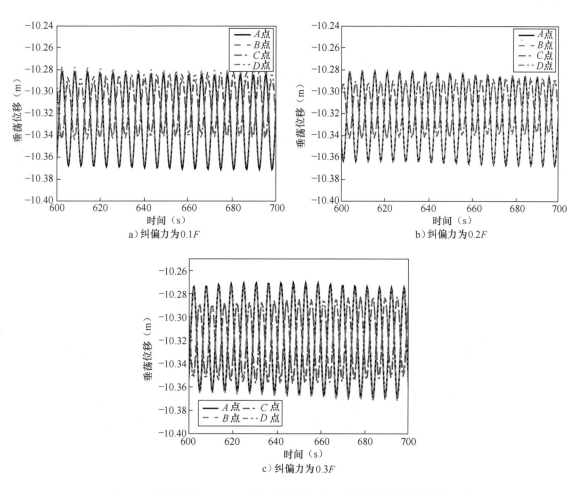

图 4-42 横流流速为 0.4m/s、旁拖就位时间为 50s 时管节底部角点垂荡运动响应

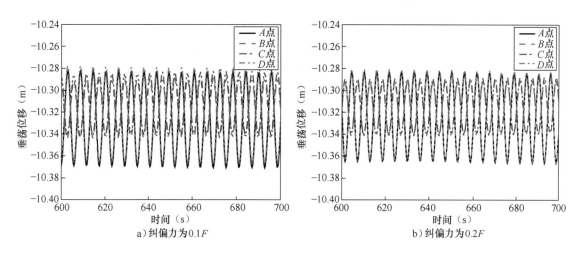

图 4-43

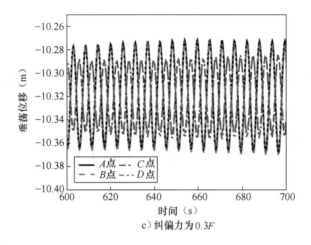

c）纠偏力为0.3F

图4-43　横流流速为0.4m/s、旁拖就位时间为70s时管节底部角点垂荡运动响应

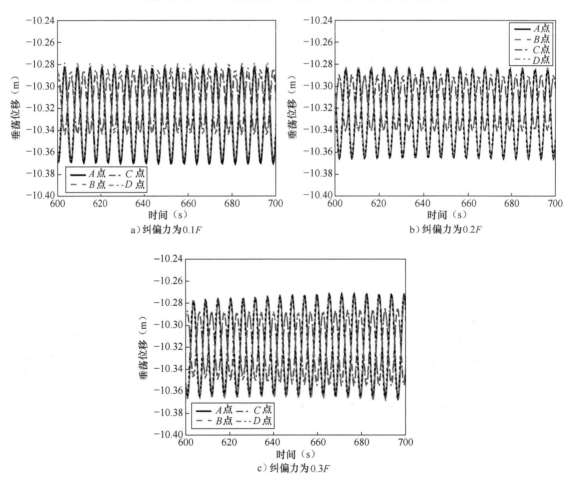

图4-44　横流流速为0.4m/s、旁拖就位时间为80s时管节底部角点垂荡运动响应

第4章 拖航纠偏运动响应数值分析研究

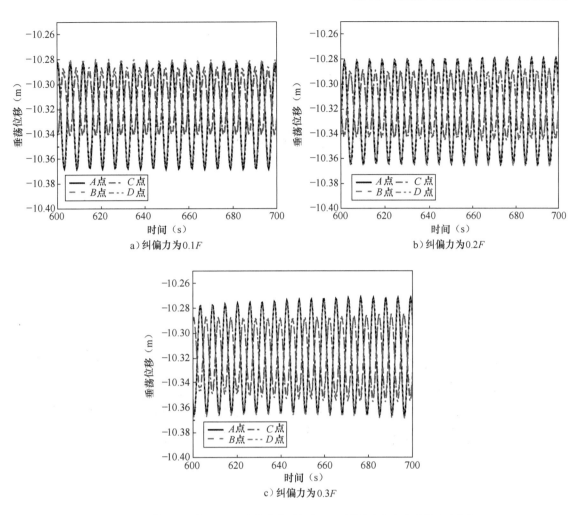

图 4-45 横流流速为 0.3m/s、旁拖就位时间为 50s 时管节底部角点垂荡运动响应

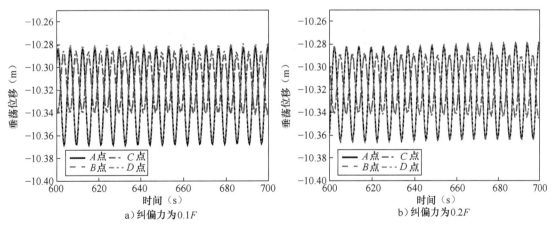

图 4-46

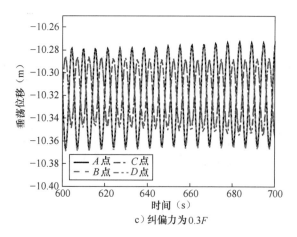

c）纠偏力为0.3F

图4-46 横流流速为0.3m/s、旁拖就位时间为70s时管节底部角点垂荡运动响应

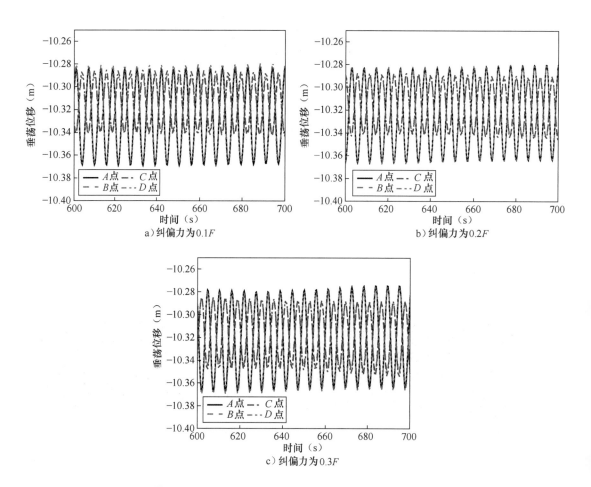

图4-47 横流流速为0.3m/s、旁拖就位时间为80s时管节底部角点垂荡运动响应

4.4 本章小结

本章以标准管节 E27 和非标准管节 E32 的湿拖浮运为研究背景,通过数值软件 ANSYS-AQWA 对管节模型进行频域水动力分析,并基于时域模型分析管节在不同环境条件下的偏航运动响应及纠偏响应,以拖轮纠偏力和旁拖就位时间为变量,对不同航段管节纠偏过程中达到允许偏航临界值的工况进行分析,为拖航纠偏力和旁拖就位时间的选取提供参考,并对纵摇、横摇、垂荡耦合作用下的管节底部四个角点的垂荡运动进行分析。

①通过分析在横浪、横流的环境条件下,不同纠偏力对沉放驳横漂运动响应的影响,可知管节与沉放驳的最大横漂位移和回归航线的时间随着纠偏力的增大而减小,随着旁拖反应时间的增加而增大。

②针对 E27 管节,在 X0~X6 浮运航段,假定横流流速为 0.3m/s,通过分析管节在环境载荷作用下的横漂运动可知,在未施加纠偏力作用时,管节在 110s 时横漂位移达偏航警戒值(5m)。考虑拖轮拖力调整到指定纠偏力所需时间为 40s。随着纠偏力的增大,管节所允许的旁拖就位时间越长,且回归航线的时间越短。在 $0.6F$ 下,管节各角点的垂荡位移运动范围最大,为 $-10.5 \sim -10.05$m。在 X6~X9 段浮运航道,考虑了不同流速(0.4~0.6 m/s)、不同纠偏力、不同旁拖就位时间对管节偏航运动的影响。在横流流速为 0.6m/s 时,当纠偏力小于 $0.4F$ 时,管节的横漂运动幅度较大,即使在最短的旁拖就位时间(40s)情况下,长时间施加力也不能成功纠偏。当纠偏力增大到 $0.5F$ 以上时,能够成功实现纠偏,时间越短,管节的最大横漂位移越小。相关计算结果可为拖航航道尺寸的确定提供一定依据。

③针对 E32 管节,两艘旁拖在全部工况下都能成功纠偏管节,当流速较大时,两艘旁拖全部推力用于纠偏,且尽量缩短旁拖就位时间,可将管节最大偏航值控制在合理范围内。

④本章的计算结果表明:旁拖就位时间越长,建议施加越大的纠偏力($0.5F$ 以上),以保障拖轮编队最大偏航值不会太大,防止影响拖航安全。

上述计算结果建立在拖轮编队发生偏航时艏摇运动较小且可忽略的假设基础上。在实际浮运中,拖轮编队需通过协同调整前拖和尾拖,使其发生偏航时不会发生较大的航向变化。此外,由于纠偏作用的时间较短,本章仅考虑了拖轮编队在规则波中的偏航运动,且假设纠偏力为集中力、作用在管节重心处,因而纠偏力不会使管节发生艏摇运动。

第5章 湿拖浮运作业仿真模拟试验研究

5.1 仿真模型

5.1.1 电子海图显示和信息系统及视景系统的构建

电子海图显示和信息系统(Electronic Chart and Display Information System,ECDIS)必须符合国际统一标准。国际航道测量组织(International Hydrography Organization,IHO)、国际海事组织(International Maritime Organization,IMO)以及国际电工委员会(International Electrical Commission,IEC)共同制定了关于 ECDIS 的性能、显示和数据标准。这些标准包括《数字化海道测量数据传输标准》、(IHO S-57)、《ECDIS 的海图内容和显示规范》(IHO S-52)、《IMO ECDIS 性能标准》和《ECDIS 硬件设备性能和测试标准》(IEC 61174)。

ECDIS 主要包括电子海图合成、合成后电子海图显示和电子海图编辑器三个部分。ECDIS的组成如图 5-1 所示。

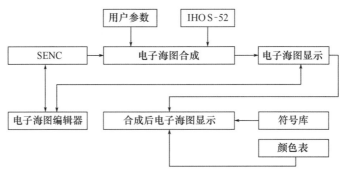

图 5-1 电子海图显示系统的组成

5.1.2 船舶运动数学模型

5.1.2.1 船舶运动数学模型的分类

采用计算机数值模拟方法预测船舶操纵性,需要对船舶动力及外界环境影响进行建模,并选定数学模型。因此,船舶运动数学模型是船舶运动仿真与控制问题的核心。针对它的研究始于 20 世纪 30 年代,但真正兴起是在 20 世纪 60 年代。当时,超大型油轮出现操纵异常,为揭示其异常操纵特性并且适应开发高性能船舶操纵模拟器的需要,船舶运动数学模型的研究获得飞速发展。20 世纪 70 年代末至 80 年代初,由于研制先进的船舶航向、航迹控制器的需要,加速了其发展。船舶运动数学模型可分为基于船舶运动方程的数学模型和将船舶作为一个动态系统引入的运动响应模型。

1)基于船舶运动方程的数学模型

基于船舶运动方程的数学模型分为两大派别:一是以20世纪60年代Abkowitz提出的Abkowitz模型为代表的整体式结构模型,二是以20世纪70年代日本船舶操纵运动数学模型研究小组(Mathematical Modeling Group,MMG)提出的以MMG模型为代表的分离型数学模型。

(1)整体式结构模型

整体式结构模型把船、桨、舵看作是一个不可分的整体,船舶所受到的总流体动力$\vec{F}$和动力矩$\vec{M}$同船舶的尺度、流体的物理性质(黏度、密度、重力加速度等)、船舶与周围介质相对运动的速度(角速度)和加速度(角加速度)、驱动控制面的位置或转速等因素有关。对于某一具体的船舶,船舶所受到的外力$\vec{F}$和力矩$\vec{M}$可表示为如下形式:

$$\begin{cases} \vec{F} = \vec{F}(\vec{v}, \vec{v}_w, \vec{\omega}, \vec{\omega}_w, \delta, n) \\ \vec{M} = \vec{M}(\vec{v}, \vec{v}_w, \vec{\omega}, \vec{\omega}_w, \delta, n) \end{cases} \tag{5-1}$$

式中:$\vec{v}$——船舶速度;

$\vec{v}_w$——水流速度;

$\vec{\omega}$——船舶角速度;

$\vec{\omega}_w$——水流角速度;

δ——舵角;

n——螺旋桨转速。

由于船舶运动的复杂性,用理论方法研究函数$\vec{F}$和$\vec{M}$几乎是不可能的,唯一可行的是进行约束船模试验来获得$\vec{F}$和$\vec{M}$。为此,将$\vec{F}$和$\vec{M}$的各分量表达成关于速度、位置、舵角和螺旋桨转速的多元函数,并将各多元函数展开成Taylor级数。在这样的展开式中,出现的线性的、二阶的、三阶的流体动力导数将达数十个。在进行这些试验时,应该在满足相似规律的条件下,使船模在拖曳水池中被悬臂机构、平面运动机构等试验设备带动做各种特定的运动,并让螺旋桨和舵叶做相应的旋转和偏移,工作量十分巨大。其缺点在于:在众多的流体动力导数中,有一些(高阶导数)物理意义不明显,很难把一艘船的试验结果应用于另一条船上;不能合理地说明船模和实船的相关问题;试验耗费巨大;对试验条件要求高;不便于探求船舶设计中某一局部(如舵叶面积)的修改对总的操纵性产生的影响等。

(2)分离型数学模型

主要代表是Inoue和Hirano等人建立的MMG模型。

MMG模型将作用于船舶上的流体动力和力矩,按照物理意义分解为作用于裸船体、敞水螺旋桨和敞水舵上的流体动力和力矩以及它们之间的相互干涉流体动力和力矩,以便深层次地进行理论分析和广泛地开展试验研究,从而克服整体式结构模型的明显缺陷。因此,MMG分离模型得到各国研究人员的广泛青睐,进而纷纷对其进行不断完善。更为主要的是,由于MMG模型中水动力的表达形式简洁,且每一项的物理意义都很明确,所以近年来,MMG模型得到更广泛的采用并被不断地完善。

从当前研究现状来看,整体式结构模型和分离型数学模型正在相互渗透,例如:Abkowitz模型的研究工作中已出现单独细查桨和舵的效应的倾向,而在 MMG 学派中也看到将船、桨和舵三者或其中两者组合起来做试验的例证。这样可取两者之优势进行互补,进一步提高船舶操纵性能的精确度。

2)运动响应模型

运动响应模型是船舶运动数学模型的另一种表达形式。20 世纪 50 年代末,Nomoto 从控制的观点出发,将船舶看成一个动态系统,以舵角为输入,以艏向角或者艏摇角为系统的输出,建立了描述系统输入-输出关系的一阶响应模型。后来,又从状态空间型的线性船舶数学模型出发,建立了二阶响应模型,并根据不同的需要建立了非线性响应模型。

利用运动响应模型,能分析船舶在操舵时的操纵运动及其对操舵响应的快慢,即使是采用一阶近似的简单响应模型,也能求得相当准确的操舵响应。因此,该方法对求取船舶操纵性能、评价航向稳定性是行之有效的。随着试验设备的不断改善、试验精度不断提高和响应模型的不断完善,该方法已成为在船舶设计阶段预测操纵性的重要手段。但是,由于运动响应模型要求对每一个具体的船舶进行自航船模试验,这将需要花费大量的人力、物力,而且自航模型和实船之间存在如尺度效应等并未完全解决的问题,所以在实际应用中受到一定限制。

5.1.2.2　NT-PRO 5000 型模拟器的船舶运动数学模型

1)基本的船舶运动数学模型

建立船舶的数学模型时,认为船舶是可控制的系统,该数学模型包括所控制的物标、操舵设施和控制系统。数学模型表示船舶在当前的有限水域内的运动情况。

船舶本身是一可控制的物标,其操纵机构包括螺旋桨、舵和系泊设施等。作用力的改变直接依赖于控制系统的改变,控制系统的一系列改变则需要舵手改变可控制的船舶运动。

船舶运动数学模型可分为有外力作用和无外力作用两种情况。其中,外力包括风力、水流作用力、波浪干扰力和由于航道几何形状的影响(水深、岸壁效应、航道底部倾斜度影响等)而产生的各种力以及其他物体(包括移动的物体和不移动的物体)的影响而产生的力。

对船舶在有限的静水水域内运动状态的描述,是建立船舶运动数学模型的基础。此时,作用于船舶的力的构成如图 5-2 所示。由于此时船舶处于有限的静水深水域,因此,称这些力是"基本力"。只考虑基本力的船舶运动数学模型,只能描述船舶在基本力作用下的运动情况。

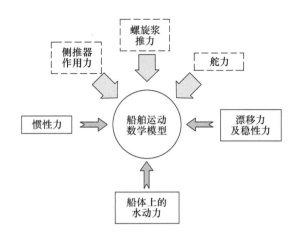

图 5-2 在静深水域中作用于船体的力

作用于船体并影响其运动的外力,属于附加在基本力和运动动力之上的力。这些外力可分为两组:空气动力和流体动力(第一组),机械力(第二组)。第一组包括由于空气动力产生的风力、由于水流和波浪产生的水流作用力和波浪作用力、由于近岸产生的岸壁效应和浅水效应及其他船带来的影响等;第二组包括船舶搁浅、碰撞产生的触底碰撞和船间碰撞力,锚固作用力,以及系泊作用力等。作用于船舶的外部力如图 5-3 所示。

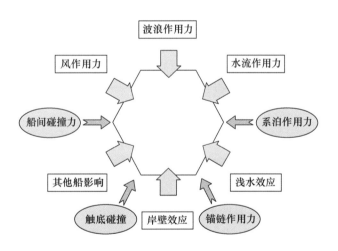

图 5-3 船体所受的外部力

船舶运动数学模型是由一组非线性的微分方程组成的。该组微分方程由船舶的运动参数表示,如倾斜角(横倾角 θ、纵摇角 ψ 和航向角 φ)以及相应的速度和加速度。两个坐标系分别为:随船坐标系,符合右手法则的对地空间坐标系。符合右手法则的对地空间坐标系表示方法如图 5-4 ~ 图 5-6 所示,其中各符号的含义见下文公式注解。

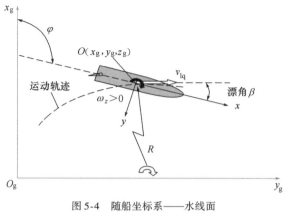

图 5-4 随船坐标系——水线面

V_{1q}-切向分速度;R-旋转半径

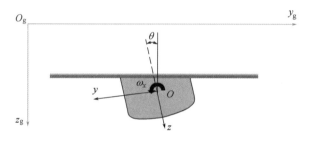

图 5-5 随船坐标系——设计面

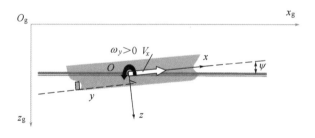

图 5-6 随船坐标系——中心面(从右舷方向看)

对地空间坐标系中 $O_g x_g$ 轴和 $O_g y_g$ 轴平行于静水水平面,$O_g z_g$ 轴正交于 $O_g x_g$ 轴和 $O_g y_g$ 轴,$O_g x_g$ 轴向南,$O_g y_g$ 轴向东,$O_g z_g$ 轴垂直向下。

随船坐标系的原点为船舶重心,Ox 轴和 Oy 轴平行于基准面,Oz 轴正交于 Ox 轴、Oy 轴,各轴的方向表示如下:Ox 轴指向船艏,Oy 轴指向右舷,Oz 轴向下。

倾角包括三种:

①横倾角:船体绕着 x 轴旋转,从船艏看去,顺时针旋转为负,逆时针旋转为正。

②纵倾角:船体绕着 y 轴旋转,从船右舷看去,顺时针旋转为负,逆时针旋转为正。

③航向角:船体绕着 z 轴旋转,从船顶看去,顺时针旋转为负,逆时针旋转为正。

船舶运动方程表示为:

$$(m+\lambda_{11})+\frac{\mathrm{d}V_x}{\mathrm{d}t}+(m+\lambda_{22})V_y\omega_z+(m+\lambda_{33})V_z\omega_y=\sum F_x+\sum F_{\mathrm{M},x} \quad (5\text{-}2)$$

$$(m+\lambda_{22})+\frac{\mathrm{d}V_y}{\mathrm{d}t}+(m+\lambda_{11})V_z\omega_x+(m+\lambda_{33})V_y\omega_x=\sum F_y+\sum F_{\mathrm{M},y} \quad (5\text{-}3)$$

$$(m+\lambda_{33})+\frac{\mathrm{d}V_x}{\mathrm{d}t}+(m+\lambda_{11})V_z\omega_y-(m+\lambda_{22})V_x\omega_z=\sum F_z+\sum F_{\mathrm{M},z} \quad (5\text{-}4)$$

$$(J_x+\lambda_{44})+\frac{\mathrm{d}\omega_x}{\mathrm{d}t}+(J_z+\lambda_{66})-(J_y+\lambda_{55})\omega_y\omega_z+(\lambda_{33}-\lambda_{22})V_yV_z=\sum M_x+\sum M_{\mathrm{M},x} \quad (5\text{-}5)$$

$$(J_y+\lambda_{55})+\frac{\mathrm{d}\omega_y}{\mathrm{d}t}+(J_x+\lambda_{66})-(J_y+\lambda_{66})\omega_x\omega_z+(\lambda_{11}-\lambda_{33})V_xV_z=\sum M_y+\sum M_{\mathrm{M},y} \quad (5\text{-}6)$$

$$(J_z+\lambda_{66})+\frac{\mathrm{d}\omega_x}{\mathrm{d}t}+(J_y+\lambda_{55})-(J_x+\lambda_{55})\omega_z\omega_y+(\lambda_{22}-\lambda_{11})V_yV_z=\sum M_z+\sum M_{\mathrm{M},z} \quad (5\text{-}7)$$

$$\dot{x}_g=V_x\cos\varphi\cos\psi+V_y(\sin\theta\cos\varphi\sin\psi-\cos\theta\sin\varphi)+\omega(\cos\theta\cos\varphi\sin\psi+\sin\theta\sin\varphi) \quad (5\text{-}8)$$

$$\dot{y}_g=V_x\sin\varphi\cos\psi+V_y(\sin\theta\sin\varphi\sin\psi+\cos\theta\cos\varphi)+\omega(\cos\theta\sin\varphi\sin\psi-\sin\theta\cos\varphi) \quad (5\text{-}9)$$

$$\dot{z}_g=-V_x\sin\psi+V_y\sin\theta\cos\psi+\omega\cos\theta\cos\psi \quad (5\text{-}10)$$

$$\omega_x=\dot{\theta}-\dot{\phi}\sin\varphi \quad (5\text{-}11)$$

$$\omega_y=\dot{\psi}\cos\theta-\dot{\varphi}\cos\psi\sin\theta \quad (5\text{-}12)$$

$$\omega_y=\dot{\varphi}\cos\psi\cos\theta-\dot{\psi}\sin\theta \quad (5\text{-}13)$$

式中： m——船舶的质量, $m=\rho LBT\cdot CB$, ρ 为水密度；L、B、T 分别为船长、船宽和船中的吃水，CB 为方形系数；

J_x,J_y,J_z——随船坐标系的船舶转动惯量的分量；

$\lambda_{11},\lambda_{22},\cdots,\lambda_{66}$——附加质量；

V_x,V_y,V_z——随船坐标系的速度分量；

$\omega_x,\omega_y,\omega_z$——随船坐标系的旋转角速度 ω 分量；

$\sum F_x,\sum F_y,\sum F_z$——由水和风产生的总力的分量；

$\sum M_x,\sum M_y,\sum M_z$——由水和风产生的总力矩的分量；

$\sum F_{\mathrm{M},x},\sum F_{\mathrm{M},y},\sum F_{\mathrm{M},z}$——总机械力的分量；

$\sum M_{\mathrm{M},x},\sum M_{\mathrm{M},y},\sum M_{\mathrm{M},z}$——总机械力矩的分量。

作用在船舶上的力和力矩可表示为：
①由水和风产生的纵向总力和总力矩的分量：

$$\sum F_x = (F_{\mathrm{BH},x} + \sum F_{\mathrm{R},x} + F_{\mathrm{P},x}) + F_{\mathrm{A},x} + F_{\mathrm{C},x} + F_{\mathrm{W},x} + F_{\mathrm{Bank},x} + F_{\mathrm{Bot},x} + F_{\mathrm{Ship},x} \quad (5\text{-}14)$$

②横向总力和总力矩的分量：

$$\sum F_y = (F_{\mathrm{BH},y} + \sum F_{\mathrm{R},y} + F_{\mathrm{P},y} + F_{\mathrm{THR},y}) + F_{\mathrm{A},y} + F_{\mathrm{C},y} + F_{\mathrm{W},y} + F_{\mathrm{Bank},y} + F_{\mathrm{Ship},y} \quad (5\text{-}15)$$

③垂向总力和总力矩的分量：

$$\sum F_z = (F_{\mathrm{BH},z} + \sum F_{\mathrm{ST},z} + F_{\mathrm{G},z} + F_{zz}) + F_{\mathrm{W},z} + F_{\mathrm{Bank},z} + F_{\mathrm{Bot},z} \quad (5\text{-}16)$$

④横摇力矩：

$$\sum M_x = (M_{\mathrm{BH},x} + \sum M_{\mathrm{R},x} + M_{\mathrm{THR},x} + M_{\mathrm{ST},x} + M_{xx}) + M_{\mathrm{A},x} + M_{\mathrm{W},x} + M_{\mathrm{Bank},x} + M_{\mathrm{Ship},x} \quad (5\text{-}17)$$

⑤纵摇力矩：

$$\sum M_y = (M_{\mathrm{BH},y} + \sum M_{\mathrm{ST},y} + M_{yy}) + M_{\mathrm{Bot},x} + M_{\mathrm{W},y} + M_{\mathrm{Bank},y} + M_{\mathrm{Ship},x} \quad (5\text{-}18)$$

⑥艏摇力矩：

$$\sum M_z = (M_{\mathrm{BH},z} + \sum M_{\mathrm{R},z} + M_{\mathrm{THR},z} + M_{\mathrm{P},z}) + M_{\mathrm{C},z} + M_{\mathrm{A},z} + M_{\mathrm{W},z} + M_{\mathrm{Bank},z} + M_{\mathrm{Bot},z} + M_{\mathrm{Ship},z} \quad (5\text{-}19)$$

式中：$F_{\mathrm{BH},x}, F_{\mathrm{BH},y}, F_{\mathrm{BH},z}$——作用于裸船体的水动力的分量；

$\sum F_{\mathrm{R},x}, \sum F_{\mathrm{R},y}$——作用于舵上的力（包括相互作用力）的分量；

$F_{\mathrm{P},x}, F_{\mathrm{P},y}$——分别为作用于螺旋桨上的推力、横向力（总效的）；

$F_{\mathrm{A},x}, F_{\mathrm{A},y}$——空气动力的分量；

$F_{\mathrm{C},x}, F_{\mathrm{C},y}$——由水流产生的力的分量；

$F_{\mathrm{W},x}, F_{\mathrm{W},y}, F_{\mathrm{W},z}$——由波浪产生的附加力的分量；

$F_{\mathrm{Bank},x}, F_{\mathrm{Bank},y}, F_{\mathrm{Bank},z}$——由航道底部几何形状产生的附加力的分量；

$F_{\mathrm{Bot},x}, F_{\mathrm{Bot},z}$——由浅水效应产生的附加力的分量；

$F_{\mathrm{Ship},x}, F_{\mathrm{Ship},y}$——由与他船作用产生的附加力的分量；

$F_{\mathrm{THR},y}$——相对于 Oy 轴的推力；

$\sum F_{\mathrm{ST},z}$——由于垂向力矩产生的浮力；

$F_{\mathrm{G},z}$——裸船体的自重；

F_{zz}——由于垂向力矩产生的恢复力；

$M_{\mathrm{BH},x}, M_{\mathrm{BH},y}, M_{\mathrm{BH},z}$——作用于裸船体的水动力力矩；

$\sum M_{R,x}, \sum M_{R,z}$——作用于舵上的力矩(包括相互作用力)的分量；

$M_{THR,x}, M_{THR,z}$——分别为相对于 Ox 轴和 Oz 轴的力矩；

$M_{ST,x}, \sum M_{ST,y}$——分别为由于横摇力矩和纵摇力矩产生的阻尼力矩；

M_{xx}, M_{yy}——分别为由于横摇力矩和纵摇力矩产生的恢复力矩；

$M_{A,x}, M_{A,z}$——空气动力力矩的分量；

$M_{W,x}, M_{W,y}, M_{W,z}$——由波浪产生的附加力矩的分量；

$M_{Bank,x}, M_{Bank,y}, M_{Bank,z}$——由航道底部几何形状产生的附加力矩的分量；

$M_{Ship,x}, M_{Ship,z}$——由与他船作用产生的附加力矩的分量；

$M_{P,z}$——作用于螺旋桨上的垂向力矩；

$M_{C,z}$——由水流产生的力矩；

$M_{Bot,x}, M_{Bot,z}$——由浅水效应产生的附加力矩的分量。

总的机械力和力矩是由船舶本身所处状态决定的，它可能由以下一部分、两部分或几部分组成：

①机械力的纵向分量：

$$\sum F_{M,x} = F_{M,Wall,x} + F_{M,Ship,x} + \sum F_{M,Rope,x} + \sum F_{M,Anch,x} \tag{5-20}$$

②机械力的横向分量：

$$\sum F_{M,y} = F_{M,Wall,y} + F_{M,Ship,y} + \sum F_{M,Rope,y} + \sum F_{M,Anch,y} \tag{5-21}$$

③机械力的垂向分量：

$$\sum F_{M,z} = F_{M,Wall,z} + F_{M,Ship,z} + \sum F_{M,Rope,z} + \sum F_{M,Anch,z} \tag{5-22}$$

④机械力的横摇力矩：

$$\sum M_{M,x} = M_{M,Wall,x} + M_{M,Ship,x} + \sum M_{M,Rope,x} + \sum M_{M,Anch,x} \tag{5-23}$$

⑤机械力的纵摇力矩：

$$\sum M_{M,y} = M_{M,Wall,y} + M_{M,Ship,y} + \sum M_{M,Rope,y} + \sum M_{M,Anch,y} \tag{5-24}$$

⑥机械力的艏摇力矩：

$$\sum M_{M,z} = M_{M,Wall,z} + M_{M,Ship,z} + \sum M_{M,Rope,z} + \sum M_{M,Anch,z} \tag{5-25}$$

式中：$F_{M,Wall,x}, F_{M,Wall,y}, F_{M,Wall,z}$——碰撞岸壁产生的机械力的力量；

$M_{M,Wall,x}, M_{M,Wall,y}, M_{M,Wall,z}$——碰撞岸壁产生的机械力的力矩的分量；

$F_{M,Ship,x}, F_{M,Ship,y}, F_{M,Ship,z}$——碰撞其他船舶产生的机械力的分量；

$M_{M,Ship,x}, M_{M,ship,y}, M_{M,Ship,z}$ ——碰撞其他船舶产生的机械力的力矩的分量;

$\sum F_{M,Rope,x}, \sum F_{M,Rope,y}, \sum F_{M,Rope,z}$ ——绳索张力引起的机械力的分量;

$\sum M_{M,Rope,x}, \sum M_{M,Rope,y}, \sum M_{M,Rope,z}$ ——绳索张力引起的机械力的力矩分量;

$\sum F_{M,Anch,x}, \sum F_{M,Anch,y}, \sum F_{M,Anch,z}$ ——锚泊时的机械力的分量;

$\sum M_{M,Anch,x}, \sum M_{M,Anch,y}, \sum M_{M,Anch,z}$ ——锚泊时的机械力的力矩分量。

2)有外力作用下的船舶运动数学模型及其计算

空气和水所产生的外部动力包括以下几部分:

①由风影响产生的力(风力)。

②由水流影响产生的力(水流力)。

③由波浪影响产生的力(波浪干扰力)。

④由岸壁效应和浅水效应产生的力(船舶的浅水效应和岸壁效应相互作用力)。

⑤由于航道结构产生的力。

⑥由他船产生的力(船间的相互作用力)。

为方便起见,将上述作用力分为两组:一组直接与外界和天气相关(风、浪、流);另一组直接与水动力相关(浅水、岸壁、其他的静态物体和移动物体)。

(1)风作用力

作用于船体上的空气动力可视为以一定的方向(图5-7)和速度作用的风力。取作用于海平面以上6m处的风速的平均值,给出真矢量下风的蒲福风级数(依据相应的蒲福风级而定)。

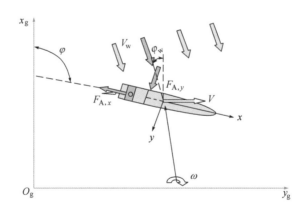

图5-7 风作用力(水平面)

V_w-风的速度;φ_w-风的角度

空气动力(风)的力和力矩的计算公式如下:

①空气动力的纵向力:

$$F_{A,x} = 0.5\psi_A V_A^2 (A_x + A_{N,x})[C_{AH,x}(\varphi_{wk}) + dC_{A,x}(\varphi_{wk}, A_{N,y})] \tag{5-26}$$

②空气动力的横向力:

$$F_{A,y} = 0.5\psi_A V_A^2 (A_y + A_{N,y})[C_{AH,y}(\varphi_{wk}) + dC_{A,y}(\varphi_{wk}, A_{N,y})] \tag{5-27}$$

③空气动力的垂向力：
$$F_{A,z} = 0.5 \psi_A V_A^2 (A_z + A_N, y)[C_{AH,z}(\varphi_{wk}) + dC_{A,z}(\varphi_{wk}, A_{N,y})] \quad (5\text{-}28)$$
④空气动力的首摇力矩：
$$M_{A,z} = 0.5 \psi_A V_A^2 (A_x + A_{N,y})L[C_{AH,M,x}(\varphi_{wk}) + dC_{A,M,x}(\varphi_{wk}, A_{N,y})] \quad (5\text{-}29)$$
⑤空气动力的横摇力矩：
$$M_{A,x} = 0.5 \psi_A V_A^2 (A_x + A_{N,y})L[C_{AH,M,x}(\varphi_{wk}) + dC_{A,M,x}(\varphi_{wk}, A_{N,x})] \quad (5\text{-}30)$$

式中：$C_{AH,x}, C_{AH,y}, C_{AH,z}$——分别为无量纲的空气动力的纵向、横向和垂向分量系数；

$C_{AH,M,z}, C_{AH,M,x}$——随船坐标系中无量纲的空气动力力矩分量；

φ_{wk}——相对风弦角；

$dC_{A,x}, dC_{A,y}, dC_{A,z}$——由于空气动力作用在上层建筑产生的额外力分量的无量纲值；

$dC_{A,M,z}, dC_{A,M,x}$——由于空气动力作用在上层建筑产生的额外力矩分量的无量纲值；

V_A, ψ_A——分别为相对风速和相对风向角；

A_x, A_y——分别为水面以上船体在船舯横剖面和船纵剖面的投影面积；

$A_{N,x}, A_{N,y}$——分别为上层建筑在船舯横剖面和船纵剖面的投影面积；

L——船体长度。

相对风速相对于船轴线的速度、船速的合速度（图5-7），计算公式如下：
$$V_A = \sqrt{V_{A,x}^2 + V_{A,y}^2} \quad (5\text{-}31)$$

式中：$V_{A,x}, V_{A,y}$——分别表示随船坐标系中风速在纵向和横向的分量。

相对风弦角可通过下式计算：
$$\varphi_{wk} = \arctan\left(\frac{V_y + V_{A,y}}{V_x + V_{A,x}}\right) \quad (5\text{-}32)$$

计算空气动力特性时采用数据库中的试验结果和近似系数。

（2）水流作用力

可视水流为给定的稳定流作用，水流流速分量不随水深的变化而变化。

水流作用力的示意图如图5-8所示。由于水流产生的力和力矩为两部分的总和：一部分是稳定流产生的力和力矩；另一部分是非稳定流和不规则流产生的力和力矩。这些力和力矩的计算方式如下：

①水流作用下的横向力$F_{C,x}$：
$$F_{C,x} = 0.5 C_{BH,x} \beta_{ck} V_{ck}^2 LT + \Delta F_{C,x} \quad (5\text{-}33)$$
②水流作用下的纵向力$F_{C,y}$：
$$F_{C,y} = 0.5 C_{BH,y} \beta_{ck} V_{ck}^2 LT + \Delta F_{C,y} \quad (5\text{-}34)$$
③水流作用下的艏摇力矩$M_{C,z}$：
$$M_{C,z} = 0.5 C_{BH,M,z} \beta_{ck} V_{ck}^2 L^2 T + \Delta M_{C,z} \quad (5\text{-}35)$$
④水流作用下的横摇力矩$M_{C,z}$：
$$M_{C,z} = \Delta M_{C,x} \quad (5\text{-}36)$$

式中：$C_{BH,x}$，$C_{BH,y}$，$C_{BH,M,z}$——分别为裸船体在稳流中运动时，作用于船体的横向水动力、纵向水动力和水动力矩的无量纲系数；

V_{ck}——船舶的相对速度；

β_{ck}——相对漂角；

$\Delta F_{C,x}$，$\Delta F_{C,y}$——由不规则流产生的附加力分量；

$\Delta M_{C,z}$，$\Delta M_{C,x}$——由不规则流产生附加力矩分量；

T——吃水质量。

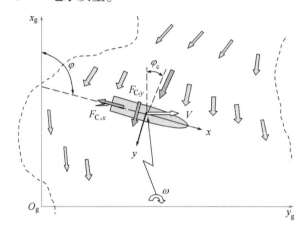

图 5-8 水流作用力（水平面上）

由不规则流产生的附加的横向力和力矩，可通过与船体形状相似的在水域进行的平板试验获得。

（3）波浪干扰力

在对波浪干扰力作用下数学模型的处理中，可将波浪视为由一系列与真实波浪相似的、具有固定频谱特性的简谐波叠加而合成的波（在某一点上按具有 Pirson-Moskovits 谱处理，在某一方向上按具有 Artur 谱处理），可根据不同海区波浪特点选择不同波谱。

对于三维不规则波的计算模型，取浪高 $H_{1/3}$ 处的常规情况下的波，视波浪表面为一组波的总和，如图 5-9 所示，具体计算公式为：

$$\zeta(x_g, y_g, t) = \sum_{i=1}^{N} \zeta(x, y, t) = A_i \cos(k_{xi} x + k_{yi} y - \omega_i t + \phi_i) \tag{5-37}$$

式中：ζ——z 轴上的波面；

N——谐波总数；

i——谐波数；

A_i——第 i 个谐波的振幅；

k_{xi}——纵波波浪数；

k_{yi}——横波波浪数；

ω_i——第 i 个谐波的频率；

ϕ_i——谐波的相位。

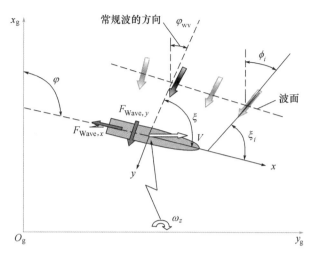

图 5-9　大浪海面的波浪力

$F_{\text{Wave},x}$-x 方向上的波浪力；$F_{\text{Wave},y}$-y 方向上的波浪力；ξ-波方向与 x 轴的夹角；φ_{wv}-常规波的方向

波面的形状取决于相应的不规则波的谐波特性。该模型采用 20 个简谐波叠加而成。当船舶在较浅水域运动时，通常可根据与船舶在深水时的浪高、波长及波峰速度相比来取值。

5.1.2.3　相互间水动力作用的数学解释

对于浅水区域、岸壁、静态以及动态物体对船舶的影响，可按相应的水动力分量来计算其附加作用力和力矩的数值。下面简要介绍几种情况下力和力矩的计算方法。

1）浅水效应

浅水效应产生的附加力 F_{Bot} 的数值，取决于水动力参数、螺旋桨操作、船舶的纵倾及船底的倾斜角度（图 5-10）。

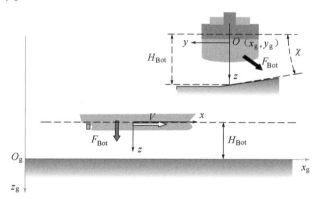

图 5-10　由浅水效应产生的力

χ-岸壁距离；H_{Bot}-相对水深

具有浅水效应的船舶运动数学模型，可由受水深影响的船舶在桨、船间产生的附加质量 $(\Delta\lambda_{11},\Delta\lambda_{22},\Delta\lambda_{66})$、附加分量系数、推力减额、伴流系数、螺旋桨推力和舵力来表示。

可通过改变推力减额和伴流系数来影响作用于螺旋桨上的浅水效应，作用于舵上的浅水效应影响取决于操作时的螺旋桨状态及其排出水流流速。考虑浅水效应的船舶运动数学模型中已考虑船舶运动时出现的下蹲现象。

2）船舶的岸壁效应，船舶与暗礁间的相互作用力

当船舶靠码头时，船体会受到由岸壁效应产生的力 F_{Wall}。计算该力时，视码头为一垂直光滑的墙。F_{Wall} 的值取决于水动力参数、螺旋桨和侧推器的操作状况以及船舶距离码头的位置。

在船舶的重心平面处，船舯与码头的最近距离 Y_0 和与码头的夹角 ζ_{Wall} 如图 5-11 所示。在随船坐标系下，附加力的分量表达式如下：

①由岸壁效应产生的纵向力：

$$F_{Wall,x} = C_{Wall,x}(Y_{Wall}B, H_{Bot}T, \zeta_{Wall}, V_x, V_y, \omega_z) f(n, P_p/D_p, u_{THR}) 0.5\rho V^2 LT \quad (5\text{-}38)$$

②由岸壁效应产生的横向力：

$$F_{Wall,y} = C_{Wall,y}(Y_{Wall}B, H_{Bot}T, \zeta_{Wall}, V_x, V_y, \omega_z) f(n, P_p/D_p, u_{THR}) 0.5\rho V^2 LT \quad (5\text{-}39)$$

③由岸壁效应产生的艏摇力矩：

$$F_{Wall,z} = C_{Wall,M,z}(Y_{Wall}B, H_{Bot}T, \zeta_{Wall}, V_x, V_y, \omega_z) f(n, P_p/D_p, u_{THR}) 0.5\rho V^2 LT \quad (5\text{-}40)$$

式中：$C_{Wall,x}, C_{Wall,y}, C_{Wall,M,z}$——分别为由岸壁效应产生的纵向力、横向力及艏摇力矩的无量纲值；

Y_{Wall}——与码头的距离；

H_{Bot}——相对水深；

ζ_{Wall}——浅水区的水底地貌的倾斜度；

V_x, V_y——船舶速度分量；

ω_z——角速度；

n——螺旋桨转速；

P_p/D_p——螺距；

$f(n, P_p/D_p, u_{THR})$——与螺旋桨参数有关的船体推力公式；

u_{THR}——推进器控制参数。

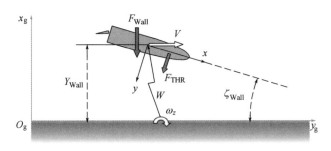

图 5-11　由垂直岸壁效应产生的力

F_{THR}-侧推控制器产生的侧向力；W-操作状态横向距离

对于有暗礁的情况,如果暗礁壁的形状是任意的,可通过将岸壁分成多个腰为 Δh_1、Δh_2,高为 Δl 的梯形,分别计算并叠加以获得等效的岸壁(图 5-11)。

船体与暗礁间的作用力取决于船舶运动的水动力参数、螺旋桨和侧推器的操作状况、横向距离、船舶重心到暗礁壁的横向距离和高度。以 Δl 表示暗礁壁的长度,以 Δh_1、Δh_2 分别表示暗礁壁的首、尾处高度。

随船坐标系中,F_{Wall} 各个分力的表达式如下:

①由岸壁效应产生的纵向力 $F_{\text{Wall},x}$:

$$F_{\text{Wall},x} = 0.5 C_{\text{Wall},x} (Y_0 B, m_0 L, H_{\text{Bot}} T, \zeta_{\text{Wall}}, \Delta l L, \Delta h_1 B, \Delta h_2 B, V_x, V_y, \omega_z) f(n, P_p D_p, u_{\text{THR}}) \rho V^2 L T \tag{5-41}$$

②由岸壁效应产生的横向力 $F_{\text{Wall},y}$:

$$F_{\text{Wall},y} = 0.5 C_{\text{Wall},y} (Y_0 B, m_0 L, H_{\text{Bot}} T, \zeta_{\text{Wall}}, \Delta l L, \Delta h_1 B, \Delta h_2 B, V_x, V_y, \omega_z) f(n, P_p/D_p, u_{\text{THR}}) \rho V^2 L T \tag{5-42}$$

③由岸壁效应产生的艏摇力矩 $M_{\text{Wall},z}$:

$$M_{\text{Wall},z} = 0.5 C_{\text{Wall,M},z} (Y_0 B, m_0 L, H_{\text{Bot}} T, \zeta_{\text{Wall}}, \Delta l L, \Delta h_1 B, \Delta h_2 B, V_x, V_y, \omega_z) f(n, P_p/D_p, u_{\text{THR}}) \rho V^2 L T \tag{5-43}$$

式中:$C_{\text{Wall},x}$,$C_{\text{Wall},y}$,$C_{\text{Wall,M},z}$——分别为由暗礁产生的纵向力、横向力及艏摇力矩的无量纲值;

$Y_0 B$,$m_0 L$——分别为船舶重心到暗礁的横向距离和高度。

在计算方程中,除船体与暗礁壁的相互作用水动力外,其他力也需要进行附加质量修正。修正值存储在数据库中。

对于岸壁效应在浅水水域产生的力,处理方法同上。

船舶靠码头时常使用侧推器,船舶运动数学模型中也考虑了岸壁对侧推器推力的影响,如图 5-12 所示。

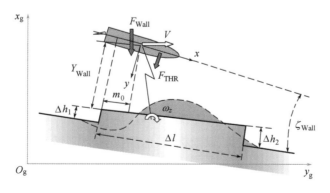

图 5-12 由垂直暗礁壁产生的力

3）船舶的岸壁效应和船舶的浅水效应

计算船舶在狭窄航道的船舶运动数学模型时,要考虑岸壁效应及船舶的位置、宽度、水深、岸壁斜度、船舶到航道中心线的距离、船舶到岸壁的距离等参数对船舶运动数学模型参数的影响。因此,当需要考虑两者对模型的影响时,附加质量需要通过 λ_{11}、λ_{22} 和 λ_{66} 进行修正,并存储在数据库中。

4）船舶间的相互作用力

在船舶运动数学模型中,需考虑附近船舶经过时,船舶与船舶间的相互作用力产生的附加作用,这些附加力(船与船间的相互作用力)同时作用在本船和他船上。该力的大小取决于本船的水动力参数;对于经过的船舶,受到的作用力则取决于其本身的水动力参数和相对他船的位置。

当两船或多船在浅水水域临近航运时,需考虑水流的弗劳德数和船体的主要尺寸(方形系数、长宽比和修正值)。同样,当两船或多船临近航运时,模型中需考虑双方的相互作用力。

5.1.3 通航环境模拟

5.1.3.1 航海模拟器视景系统中的建模技术

航海模拟器中的视景是由计算机依据预先构建的船舶航行环境模型产生的,它与船舶航行时所见到的周围环境一样。视景是由一系列对象组成的。视景一般包括几何对象、光源、视点、动画对象等,通过对这些对象的描述来构造虚拟环境。几何模型的描述与建立是计算机图形学中的传统方法。首先,在计算机中建立三维几何模型,在给定观察点和观察方向后,使用计算机实现消隐、光照以及投影的成像全过程,从而产生几何模型的图像。几何模型对象描述了虚拟对象的形状和它们的外观(纹理、颜色、表面反射系数等)。几何模型具有两个信息:一是包含的点的位置信息,二是其拓扑结构信息。几何模型用这两个信息来说明这些点之间的连接情况。

航海模拟器中的视景往往非常复杂,可能要由许多图元组成。

目前,全任务大型船舶操纵模拟器能够提供的仿真内容包括:船舶进出港操纵、靠离泊操纵、海上补给操纵、开阔水域操纵、沿岸航行操纵、狭窄水域和拥挤水域操纵、浅水区操纵、狭水道操纵、内河操纵、分道通航区域操纵、恶劣条件下操纵、雾航操纵、接近浮标或海上平台操纵、海上拖轮救助等。这就要求具有比较大的视景海域(一般与航行海图区域相对应),涵盖白天、黑夜和低能见度视景,有岸上建筑、助航标志、他船物景、本船船头以及号灯号型等,故数据的处理工作量必然相当大。

5.1.3.2 航海模拟器视景数据库设计的技术要求

航海模拟器视景数据库的参数要与航行海图相一致。系统包括电子海图、控制台、雷达以及三维视景模块,其数据源必须与实际情况相一致。在计算机负载能力能够承受的条件下,物标数据造型应尽可能精密,以提高视景质量。视景数据库应当包含绘制视景图像所需要的各种信息。

视景图像生成速度与计算机的图像处理能力、算法、单一通道视域内物标多边形数量等多方面因素有关。数据库模型应充分考虑兼容性和可二次开发性。数据库包括海上航行所能见到的所有物标,如物标船、大桥、各种陆上建筑物。按目前系统计算机配置,一个通道可以有3000~5000个面,保证帧速率在24帧/s(人眼不察觉闪烁的帧速率)。

视景程序员依据视景数据库绘制视景。在符合工程技术要求的前提下,不仅要提供绘画所必需的各种信息,而且要便于检索、逻辑清晰并为优化算法、提高数据处理速度提供方便。因此,科学合理是视景数据库设计的必要条件。一方面,从工作程序而言,先有原料后有成品,由此可见视景数据库设计者及视景程序员要对视景基本算法有一定的研究和了解。另一方面,视景数据库设计者又要与视景程序员进行经常性沟通以便取得共识。只有当包括视景数据库设计者在内的所有软件工作者都精通航海,这样制作的视景数据库才能满足实际工程的要求。

5.1.3.3 航海模拟器视景数据库的构成

针对模拟航行环境的特点和船舶操纵模拟训练的需求构造合适的三维数据结构,实现三维实体的表达,是构造航海模拟器视景仿真模型的关键技术和难点之一。航海模拟器视景仿真模型具有三维、动态、场景范围大和实体不规则等特点,因而研究一种适应航海模拟器视景仿真模型特点的三维数据结构,对于逼真、方便地实现海上船舶操纵训练是至关重要的。采用分层结构与面向对象相结合的三维数据结构,可以非常方便地构建真实航行环境,特别适应人工构建物标实体的动态变化。

根据船舶操纵模拟训练的要求,航海模拟器视景数据库应包含多个港口和航道工程,每个港口和航道工程均应含有以下主要模型:

①地形地貌模型:根据电子海图数据建立。为了提高显示图像的速度,应适当考虑图形分割。大面积岛屿具有多细节层次的地形、地貌、地面特征。

②岸上建筑物模型:按照容量大小确定,应包括楼宇、桥梁、码头等。

③助航标志模型:可分为海上标志和岸上固定标志。海上标志有侧面标志、方位标志、孤立危险物标志、安全水域标志、专用标志、灯船共6类;岸上固定标志有灯桩、灯塔、导标和缆桩共4种。

④物标船模型:包括常见的各种船舶类型,如杂货船、集装箱船、油轮、液化气船、散货船、客船、拖轮、引水船舶、渔船、帆船、游艇等。

⑤本船船艏模型:所有的物标船都具有相对应的三维船艏模型。

5.2 管节浮运作业模拟试验

5.2.1 模拟试验管节参数

深中通道沉管隧道 S08 合同段负责 E23～E32 共 10 节管节的预制、浮运及沉放。各管节基本参数见表5-1。

管节基本参数表　　　　　　　　　　　　　　　　　表 5-1

管节编号	管节类别	长度(m)	管头宽度(m)	管层宽度(m)	高度(m)	二次舾装后排水量(t)	管节浮运吃水(m)
E23～E26	标准管节	165.0	46.00	46.00	10.6	79013	10.44
E27	非标准管节	165.0	46.22	46.00	10.6	78479	10.35
E28	非标准管节	123.8	49.70	46.22	10.6	62158	10.52
E29	非标准管节	123.8	49.75	49.70	10.6	64011	10.47
E30	非标准管节	123.8	53.50	49.75	10.6	65312	10.43
E31	非标准管节	123.8	53.50	53.50	10.6	67591	10.28
E32	非标准管节	123.8	55.46	53.50	10.6	68350	10.23

注：1. 管节二次舾装后，估算排水量包括管节钢壳主体、管节混凝土、管内管顶舾装件、测量控制塔、沉放驳等的质量，管节混凝土密度按 2.35t/m³ 考虑。

2. 管节浮运吃水按水重度为 9.894kN/m³ 估算。

5.2.2 模拟试验工况设置

5.2.2.1 模拟水文及气象条件

良好的作业气象条件是管节浮运沉放作业成功的必要条件之一。依据施工图设计，参考同类项目经验，针对本项目作业工艺、管节参数等进行相关专题研究，作业的水文及气象限制条件见表5-2。

水文及气象限制条件　　　　　　　　　　　　　　　表 5-2

作业阶段和内容		流速(m/s)	波高(m)	波浪周期(s)	风力	能见度(m)
管节湿拖浮运	一般浮运	≤1.0	≤0.8	≤6	≤6	≥1000
	横流下浮运	≤0.6	≤0.8	≤6	≤6	≥1000
	管节系泊	≤0.6	≤0.8	≤6	≤6	≥1000
安装	系泊等待	≤0.6	≤0.8	≤6	≤6	≥1000
	沉放安装	≤0.6	≤0.8	≤6	≤6	≥1000
潜水作业		≤0.5	≤0.8	≤6	≤6	≥1000

5.2.2.2 模拟试验海洋环境条件

整个浮运沉放模拟过程中,重点考虑波浪和流的作用,其中风力须结合浪高设置。采用不规则波模拟海浪,波浪谱为 JONSWAP 谱,波形参数 γ 取 1.0,即等价于 Pierson-Moskowitz 谱,波高、周期、浪向的参数见表 5-3。采用定常流模拟海流,流速参见表 5-2。考虑到当地波浪以"大波高、小周期"和"小波高、长周期"的特征为主,通过和委托方交流意见,决定采用组合波浪窗口,增加两种限制海况,以模拟浮运过程中的管节运动特性及缆索受力情况。

基本海况条件　　　　　　　　　　　　　　　　　　　　　　　　　表 5-3

工况	相对流速	流　向	浪　向	波　高	潮水周期
浮运	2~3kn	150°~180°	150°~180°	0.8~1.5m	6~10s

鉴于施工海域 1 个月中有 2 个小潮期,在此期间潮差最小,相应的潮流最小。首先基于小区域长历时的气象月预报和潮流月预报,结合施工前期基床铺设等准备情况,选择其中 1 个小潮期的 3d 作为预计可以作业的窗口。施工开始前一个星期左右,依据预报时效为 10d 的天气预报产品,分析之前选择的作业窗口是否有台风等大的灾害性天气系统影响,在排除了灾害性天气系统影响之后,确定作业窗口。施工开始前 3d,基于预报时效为 5d 的小区域精细化气象、海浪和海流预报,选择最佳窗口和备用窗口,制订作业计划。作业计划时间精确到 0.5h。

5.2.2.3 模拟试验工况

模拟试验过程中,由经验丰富的船长、引航员操纵拖轮。针对不同的风、流条件,进行不同工况下的一系列模拟试验。具体试验工况见模拟试验轨迹图。每次模拟试验所需时间与管节湿拖浮运拖带作业方案规定的时间基本一致。每次试验中,都对管节湿拖浮运的轨迹、拖带方向、拖带速度、拖轮主机工况、拖带角度、拖轮用舵情况等运动参数以及风流数据进行记录,对试验结果进行分析,以便评估管节湿拖浮运的安全性。

模拟试验包括管节湿拖浮运出港水域通航尺度校验、航道通航尺度检验、候潮区水域掉头操作检验及管节隧址系泊操作检验。模拟试验工况见表 5-4,所有工况的能见度条件均设为良好状态。

管节湿拖浮运模拟试验工况　　　　　　　　　　　　　　　　　　表 5-4

序号	工　况	备　注
一、管节出港池湿拖浮运		
1	左横风 6 级,有义波高 0.8m,涨潮流速 1.0m/s	标准管节,X0~X1 段
2	右横风 6 级,有义波高 0.8m,涨潮流速 1.0m/s	标准管节,X0~X1 段
3	左横风 6 级,有义波高 0.8m,涨潮流速 1.0m/s	非标准管节,X0~X1 段
4	右横风 6 级,有义波高 0.8m,涨潮流速 1.0m/s	非标准管节,X0~X1 段

续上表

序号	工况	备注
二、管节湿拖浮运航道上浮运		
1	左横风6级,有义波高0.8m,落潮流速1.2m/s	标准管节,X1~X4段
2	右横风6级,有义波高0.8m,落潮流速1.2m/s	标准管节,X1~X4段
3	左横风6级,有义波高0.8m,落潮流速1.2m/s	非标准管节,X1~X4段
4	右横风6级,有义波高0.8m,落潮流速1.2m/s	非标准管节,X1~X4段
5	左横风6级,有义波高0.8m,落潮流速1.2m/s	标准管节,X6转向段
6	右横风6级,有义波高0.8m,落潮流速1.2m/s	标准管节,X6转向段
7	左横风6级,有义波高0.8m,落潮流速1.2m/s	非标准管节,X6转向段
8	右横风6级,有义波高0.8m,落潮流速1.2m/s	非标准管节,X6转向段
三、管节在候潮区系泊及重新上航道		
1	左横风6级,有义波高0.8m,涨潮流速0.6m/s	标准管节,X6~X7段,掉头
2	右横风6级,有义波高0.8m,涨潮流速0.6m/s	标准管节,X6~X7段,掉头
3	左横风6级,有义波高0.8m,涨潮流速0.6m/s	非标准管节,X6~X7段,掉头
4	右横风6级,有义波高0.8m,涨潮流速0.6m/s	非标准管节,X6~X7段,掉头
四、管节隧址附近浮运及稳定试验		
1	左横风6级,有义波高0.8m,涨潮流速0.9m/s	标准管节,X8~X9段
2	右横风6级,有义波高0.8m,涨潮流速0.9m/s	标准管节,X8~X9段
3	左横风6级,有义波高0.8m,涨潮流速0.9m/s	非标准管节,X8~X9段
4	右横风6级,有义波高0.8m,涨潮流速0.9m/s	非标准管节,X8~X9段

5.2.2.4 拖轮配备

1)管节浮运环境荷载计算

标准管节浮运时环境荷载见表5-5。非标准管节浮运时环境荷载见表5-6。

2)拖力配置校核

根据管节浮运时环境荷载计算结果,结合拖轮配置,考虑拖轮自身阻力后,拖轮系柱拖力考虑折减20%,只发挥80%效力,保留合理的拖力安全余量。标准管节浮运拖力配置校核见表5-7,非标准管节浮运拖力配置校核见表5-8。

标准管节浮运时环境荷载

表 5-5

作业阶段	工况	管节吃水 (m)	水流速度 (m/s)	拖航速度 (m/s)	拖航速度 (kn)	流速与拖航方向夹角 (°)	水流阻力 纵向 (kN)	水流阻力 横向 (kN)	有义波高 (m)	浪向与拖航方向夹角 (°)	波浪力 纵向 (kN)	波浪力 横向 (kN)	10min平均风速 (m/s)	风速与拖航方向夹角 (°)	风阻力 纵向 (kN)	风阻力 横向 (kN)	合力 纵向 (kN)	合力 横向 (kN)
管节顺流/顶流拖航	1	10.45	—	1.03	2.00	—	391.13	0.00	0.8	180	18.50	0.00	13.8	180	23.56	0.00	433.20	0.00
	2	10.45	—	1.03	2.00	—	391.13	0.00	0.8	90 (270)	0.00	66.36	13.8	90 (270)	0.00	17.21	391.13	83.58
	3	10.45	—	1.29	2.50	—	611.14	0.00	0.8	180	18.50	0.00	13.8	180	23.56	0.00	653.21	0.00
	4	10.45	—	1.29	2.50	—	611.14	0.00	0.8	90 (270)	0.00	66.36	13.8	90 (270)	0.00	17.21	611.14	83.58
	5	10.45	—	1.51	2.94	—	842.44	0.00	0.8	180	18.50	0.00	13.8	180	23.56	0.00	884.51	0.00
	6	10.45	—	1.51	2.94	—	842.44	0.00	0.8	90 (270)	0.00	66.36	13.8	90 (270)	0.00	17.21	842.44	83.58
	7	10.45	—	1.71	3.32	—	1080.40	0.00	0.8	180	18.50	0.00	13.8	180	23.56	0.00	1122.47	0.00
	8	10.45	—	1.71	3.32	—	1080.40	0.00	0.8	90 (270)	0.00	66.36	13.8	90 (270)	0.00	17.21	1080.40	83.58
管节横流拖航	9	10.45	0.4	1.03	2.00	90 (270)	391.13	494.86	0.8	180	18.50	0.00	13.8	180	23.56	0.00	433.20	494.86
	10	10.45	0.4	1.03	2.00	90 (270)	391.13	494.86	0.8	90 (270)	0.00	66.36	13.8	90 (270)	0.00	17.21	391.13	578.44
	11	10.45	0.6	1.03	2.00	90 (270)	391.13	111343.00	0.8	180	18.50	0.00	13.8	180	23.56	0.00	433.20	111343
	12	10.45	0.6	1.03	2.00	90 (270)	391.13	111343.00	0.8	90 (270)	0.00	66.36	13.8	90 (270)	0.00	17.21	391.13	1197.01

注：1."拖航速度"列，列出了以"m/s"和"kn"计的速度值。其中，"kn"为"节"的缩写，该单位是航运领域常用速度计量单位，1kn≈0.5144m/s。

2.工况5、工况6为静水航速2.94kn或顶流航速3.32kn或顶流1m/s+航速1.38kn的情况。工况7、工况8为静水航速3.32kn或顶流0.8m/s+航速1.38kn的情况。

表 5-6 非标准管节浮运时环境荷载

作业阶段	工况	管节吃水 (m)	水流速度 (m/s)	拖航速度 (m/s)	拖航速度 (kn)	流速与拖航方向夹角 (°)	水流阻力 纵向 (kN)	水流阻力 横向 (kN)	有义波高 (m)	浪向与拖航方向夹角 (°)	波浪力 纵向 (kN)	波浪力 横向 (kN)	10min平均风速 (m/s)	风速与拖航方向夹角 (°)	风阻力 纵向 (kN)	风阻力 横向 (kN)	合力 纵向 (kN)	合力 横向 (kN)
管节顺流/顶流拖航	1	10.45	—	1.03	2.00	—	471.63	0.00	0.8	180	22.31	0.00	13.8	180	18.56	0.00	512.49	0.00
	2	10.45	—	1.03	2.00	—	471.63	0.00	0.8	90(270)	0.00	49.79	13.8	90(270)	0.00	16.33	471.63	66.12
	3	10.45	—	1.29	2.50	—	736.92	0.00	0.8	180	22.31	0.00	13.8	180	18.56	0.00	777.78	0.00
	4	10.45	—	1.29	2.50	—	736.92	0.00	0.8	90(270)	0.00	49.79	13.8	90(270)	0.00	16.33	736.92	66.12
	5	10.45	—	1.51	2.94	—	848.43	0.00	0.8	180	22.31	0.00	13.8	180	18.56	0.00	889.29	0.00
	6	10.45	—	1.51	2.94	—	848.43	0.00	0.8	90(270)	0.00	49.79	13.8	90(270)	0.00	16.33	848.43	66.12
	7	10.45	—	1.71	3.32	—	1302.76	0.00	0.8	180	22.31	0.00	13.8	180	18.56	0.00	1343.62	0.00
	8	10.45	—	1.71	3.32	—	1302.76	0.00	0.8	90(270)	0.00	49.79	13.8	90(270)	0.00	16.33	1302.76	66.12
管节横流拖航	9	10.45	0.4	1.03	2.00	90(270)	471.63	371.29	0.8	180	22.31	0.00	13.8	180	18.56	0.00	512.49	371.29
	10	10.45	0.4	1.03	2.00	90(270)	471.63	371.29	0.8	90(270)	0.00	49.79	13.8	90(270)	0.00	16.33	471.63	437.42
	11	10.45	0.6	1.03	2.00	90(270)	471.63	835.41	0.8	180	22.31	0.00	13.8	180	18.56	0.00	512.49	835.41
	12	10.45	0.6	1.03	2.00	90(270)	471.63	83541.00	0.8	90(270)	0.00	49.79	13.8	90(270)	0.00	16.33	471.63	901.54

注：1. 该计算表以最宽管节 E32 校核。
2. "拖航速度"列，列出了以"m/s"和"kn"计的速度值。其中，"kn"为"节"的缩写，该单位是航运领域常用计量速度计量单位，1kn≈0.5144m/s。
3. 工况 5、工况 6 为静水航速 2.94kn 或顶流 0.8m/s + 航速 1.38kn 的情况。工况 7、工况 8 为静水航速 3.32kn 或顶流 1m/s + 航速 1.38kn 的情况。

第5章 湿拖浮运作业仿真模拟试验研究

标准管节浮运拖力配置校核表

表5-7

作业阶段	工况	环境荷载合力(kN) 纵向	环境荷载合力(kN) 横向	前拖1与航向夹角(°)	前拖2与航向夹角(°)	2艘前拖纵向分力(kN)	2艘前拖横向分力(k)	单侧前旁拖与航向夹角(°)	单侧尾旁拖与航向夹角(°)	旁拖纵向分力(°)	旁拖横向分力(kN)	单侧尾拖与航向夹角(°)	尾拖纵向分力(kN)	尾拖横向分力(kN)	拖力合力(kN) 纵向	拖力合力(kN) 横向
管节顺流顶流拖航	1	433.20	0.00	30.00	30.00	824.41	0.00	0.00	0.00	0.00	0.00	—	—	—	824.41	0.00
	2	391.13	83.58	20.00	31.19	854.45	83.70	0.00	0.00	0.00	0.00	—	—	—	854.45	83.70
	3	653.21	0.00	25.00	25.00	862.76	0.00	0.00	0.00	0.00	0.00	—	—	—	862.76	0.00
	4	611.14	83.58	20.00	31.19	854.45	83.70	0.00	0.00	0.00	0.00	—	—	—	854.45	83.70
	5	884.51	0.00	20.00	20.00	894.54	0.00	0.00	0.00	0.00	0.00	—	—	—	894.54	0.00
	6	842.44	83.58	20.00	31.19	854.45	83.70	0.00	0.00	0.00	0.00	—	—	—	854.45	83.70
	7	1122.47	0.00	20.00	20.00	894.54	0.00	45.00	0.00	546.29	0.00	—	—	—	1440.83	0.00
	8	1080.40	83.58	20.00	31.19	854.45	83.70	45.00	0.00	546.29	0.00	—	—	—	1400.73	83.70
管节横流拖航	9	433.20	494.86	30.00	30.00	824.41	0.00	35.10	45.00	589.18	495.26	—	—	—	1413.59	495.26
	10	391.13	578.44	30.00	30.00	824.41	0.00	39.20	60.00	492.49	578.67	—	—	—	1316.90	578.67
	11	433.20	1113.43	20.00	55.60	716.18	229.94	55.00	70.00	353.68	679.41	118.00	−108.70	204.43	961.16	1113.78
	12	391.13	1197.01	20.00	63.40	660.39	262.80	62.87	75.00	276.16	716.89	110.00	−79.19	217.57	857.36	1197.26

注:1.工况1～工况4仅两艘前拖即可满足拖力需求。工况5～工况8需靠2艘前拖及2艘前旁拖满足拖力需求,其中工况5、工况6为顶流0.8m/s+航速1.38kn的情况;工况7、工况8为顶流1m/s+航速1.38kn的情况。

2.工况9、工况10第2艘前拖满足纵向力需求,迎流侧2艘旁拖满足横向力需求。工况11、工况12需迎流侧的前拖、旁拖、尾拖共同抵抗横向力。

非标准管节浮拖力配置校核表

表 5-8

作业阶段	工况	环境荷载合力 (kN) 纵向	环境荷载合力 (kN) 横向	前拖1与航向夹角(°)	前拖2与航向夹角(°)	2艘前拖纵向分力(kN)	2艘前拖横向分力(kN)	单侧前旁拖与航向夹角(°)	旁拖纵向分力(kN)	旁拖横向分力(kN)	单侧尾拖与航向夹角(°)	尾拖纵向分力(kN)	尾拖横向分力(kN)	拖力合力(kN) 纵向	拖力合力(kN) 横向
管节顺流顶流拖航	1	512.49	0.00	30.00	30.00	824.41	0.00	0.00	0.00	0.00	—	—	—	824.41	0.00
	2	471.63	66.12	22.00	30.00	853.52	66.28	0.00	0.00	0.00	—	—	—	853.52	66.28
	3	777.78	0.00	30.00	30.00	824.41	0.00	0.00	0.00	0.00	—	—	—	824.41	0.00
	4	736.92	66.12	22.00	30.00	853.52	66.28	0.00	0.00	0.00	—	—	—	853.52	66.28
	5	889.29	0.00	30.00	30.00	824.41	0.00	50.00	496.60	0.00	—	—	—	1321.01	0.00
	6	848.43	66.12	22.00	30.00	853.52	66.28	50.00	496.60	0.00	—	—	—	1350.12	66.28
	7	1343.62	0.00	20.00	20.00	894.54	0.00	50.00	496.60	0.00	—	—	—	1391.14	0.00
	8	1302.76	66.12	20.00	27.85	868.12	66.14	0.00	496.60	0.00	—	—	—	1364.71	66.14
管节横流拖航	9	512.49	371.29	26.00	30.00	840.01	33.00	61.30	185.50	338.83	—	—	—	1025.51	371.40
	10	471.63	437.42	20.00	31.05	855.05	92.00	63.50	172.36	345.70	—	—	—	1027.41	437.54
	11	512.49	835.41	20.00	60.00	685.26	276.97	63.60	171.75	346.00	113.40	-91.95	212.49	765.06	835.46
	12	471.63	901.54	20.00	70.00	610.06	315.91	71.10	125.12	365.46	108.00	-71.55	220.20	663.64	901.57

注：1. 工况1～工况4仅靠2艘前拖即可满足拖力需求。工况5～工况8章2艘前拖及2艘前旁拖满足拖力需求，其中工况5、工况6为顶流0.8m/s+航速1.38kn，工况7、工况8为顶流1m/s+航速1.38kn的情况。

2. 工况9、工况10章2艘前拖满足纵向力需求，迎流侧1艘旁拖满足横向力需求。工况11、工况12章2艘前拖满足纵向力需求，同时迎流侧前拖、1艘旁拖及尾拖共同抵抗横向力。

第5章 湿拖浮运作业仿真模拟试验研究

3）标准管节浮运拖轮配置

管节湿拖浮运作业拟配置 8 艘全回转拖轮,以满足拖运及操控要求。其中,1 艘前拖负责导向拖拽,1 艘尾拖根据水流条件辅助拖航、控制管节姿态、浮运速度并实现管节转向,中间 4 艘旁拖用于辅助管节的航向稳定及拖曳,另配置 2 艘应急拖。拖轮配置方案见表 5-9（以拖轮实际系柱拖力选择拖轮）,掉头前拖轮编队布置示意图如图 5-13 所示,掉头后拖轮编队布置示意图如图 5-14 所示,管节隧址系泊操作配置平面示意图如图 5-15 所示。

标准管节全湿拖浮运拖轮配置　　　　　表 5-9

序　号	船　　名	功率(HP)	系柱拖力(kN)
1	前拖	5000	588
2	前旁拖1,前旁拖2	5000	588
3	尾旁拖1,尾旁拖2	5000	588
4	尾拖	5000	588
5	应急拖1,应急拖2	5000	588

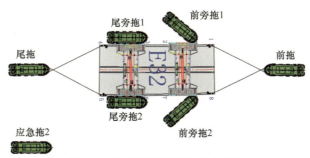

图 5-13　掉头前拖轮编队布置示意图

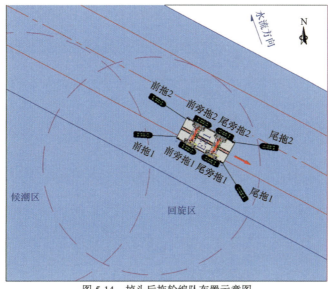

图 5-14　掉头后拖轮编队布置示意图

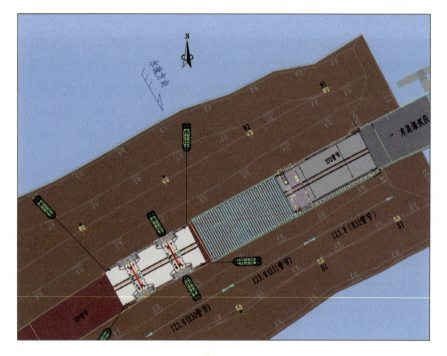

图 5-15 管节隧址系泊操作拖轮配置布置示意图

当管节拖运至横流航段后,为克服横流力,迎流侧的旁拖调整姿态提供侧向力。同时,为便于控制管节航向,收短各拖轮拖缆长度。两条应急拖随时待命,防止管节漂移、搁浅。

5.2.3 试验时长分析

选择管节浮运合适窗口期,考虑 X0~X6 段距离长,不宜顶流拖航,充分考虑管节出港口潮汐曲线,计算管节从龙穴港池口浮运至隧址时长,结果见图 5-16、表 5-10。

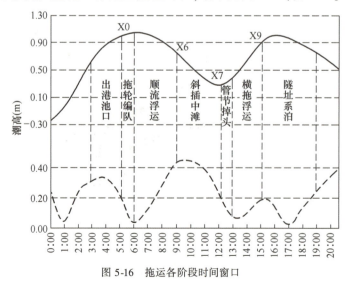

图 5-16 拖运各阶段时间窗口

管节从龙穴港池口浮运至隧址时长分析　　　　　　　　　　　表 5-10

施工阶段	作业内容	航速(kn)	作业时间(h)	时间汇总(h)	时间节点	备注
出港池口	管节移出龙穴港池口至港池外回旋区	—	2+1	3	03:00—06:00	高平潮前完成出港（编队1h）
管节在航道上浮运	管节沿 X0~X6 段浮运	顺流 1.91	3	9	06:00—09:00	顺流
管节在航道上浮运	管节沿 X6~X7 段浮运	横/平流 1.49	3	—	09:00—12:00	低平潮前完成
管节在航道上浮运	管节在 X7 回旋区调头	平流	—	1	12:00—13:00	—
管节在航道上浮运	管节沿 X7~X8 段浮运	横流 1.04	1	—	13:00—14:00	—
横拖浮运	管节沿基槽上方浮运航道浮运至沉放系泊点	横流 1.04	1	—	14:00—15:00	利用高平潮完成
隧址系泊	管节系泊	平/横流	4	4	15:00—19:00	—
总时长(h)	—	—	—	16	—	—

5.2.4　水上通航影响分析

拖轮编队拖带管节浮运对附近水域水上通航的影响见表 5-11。

管节浮运对附近水域水上通航的影响　　　　　　　　　　　表 5-11

序号	对水上通航影响	管制/封航时长
1	管节移出龙穴港池、沿 X0~X4 段浮运期间，造船基地支航道封航	约 4h
2	管节沿 X4~X6 段浮运期间，需利用广州港出海航道，航道需临时封航	约 2h
3	管节沿 X6~X7 段浮运期间，没有占用其他航道	—
4	管节沿 X7~X8 段浮运期间，需穿越矾石水道，穿越点上下游临时封航	约 1h
5	管节进入隧址北侧回旋区，机场支航道改线需临时封航	约 2h

5.2.5　管节浮运仿真模拟试验

模拟深中通道沉管隧道 S08 合同段管节在广州南沙黄埔文冲造船基地港池内解缆、拖带、离泊，在港池内回旋区调整状态，经港池 120m 宽口门，进入港池外管节浮运航道。管节非 GINA 端在前，GINA 端在后，自港池口 X0 点一路沿造船基地支航道浮运至南沙港区四期粮食码头港池附近的 X4 点，在 X4 点进入广州港出海航道，浮运至 X6 点后转向东南，沿特种海洋装备航道浮运至 X7 点。在 X7 点直径 500m 掉头区掉头，GINA 端在前，非 GINA 端在后，调整航向进入新建东航道，沿新建东航道浮运至 X8 点隧址管节回旋水域。X0~X6 段管节浮运航道宽 160m，X6~X8 段管节浮运航道宽 200m。航道底高程为 -12.7m。管节浮运航道全程两侧各设 90m 宽拖轮航道，底高程为 -6.5m。在 X8 点调整航向进入基槽上方管节浮运航道，航道轴线沿沉管隧道轴线变化,宽200m,底高程为-12.7m,两侧各设90m宽的拖轮航道,底高程为-6.5m。从龙穴港池口门(X0)至隧址(X8)航程长约21.36km。

管节湿拖浮运时应综合考虑风、流对船队拖带作业的影响。通过记录、回放、处理和分析试验数据,获取管节在航道拖带航行时所占用的水域宽度。试验由多位操船经验丰富的船长分别操作,通过比对和分析试验数据,提炼结论。

1)管节出港池

管节出港池试验部分航行轨迹如图5-17~图5-20所示。

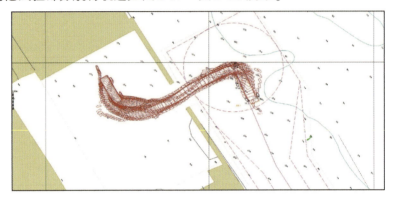

图5-17 管节带离港池,SE风6级,涨潮流速1.0m/s,X0~X1段标准管节拖带轨迹

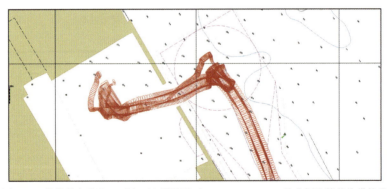

图5-18 管节带离港池,SE风6级,涨潮流速1.0m/s,X0~X1段非标准管节拖带轨迹

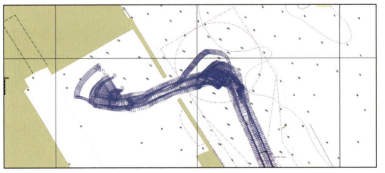

图5-19 管节带离港池,NW风6级,涨潮流速0.6m/s,X0~X1段标准管节拖带轨迹

第5章 湿拖浮运作业仿真模拟试验研究

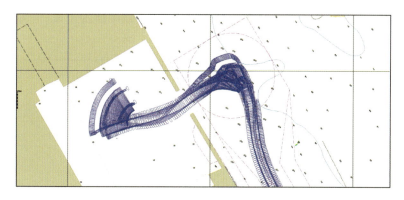

图 5-20 管节带离港池,NW风6级,涨潮流速0.6m/s,X0~X1段非标准管节拖带轨迹

利用绞车将管节移至港池中间后,与前拖、旁拖相连,在管节离开码头约150m时带妥尾拖。管节航向调整应在港池内完成,将首尾方向调整至口门法线方向。旁拖稳定住管节姿态,避免管节发生偏转,前拖逐渐增大功率,过口门管节拖带速度宜控制在1.5kn以下。出口门阶段,由于首尾受流不均,管节易发生偏转,应适时利用拖轮稳住船位,管节尾部让清口门,尾拖适当增大功率,控制管节拖带速度,避免进速过大、超出回旋水域范围。利用拖轮在旋回水域内调整管节姿态,前拖逐渐增大功率,沿航道浮运管节。

考虑到口门段作业特点,建议选择在高平潮缓流时刻进行作业,确保拖带作业安全。

2)管节在航道上浮运

管节在航道上浮运试验部分航行轨迹如图5-21~图5-32所示。

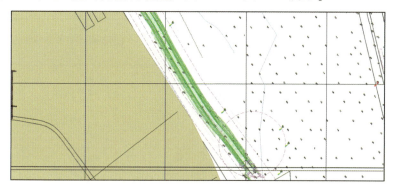

图 5-21 航道浮运,左横风6级,落潮流速1.2m/s,X1~X4段标准管节拖带轨迹

航道上线起拖时,前拖应注意船位,避免单侧缆绳受力影响拖带效果。为了提高拖轮的操作效率,建议采用龙须缆+主拖缆的连接方式。考虑到拖航距离较长,建议选用可从尾部带缆双绞车的拖轮作前拖,便于长距离拖带操作。

X1~X6段航程约5.73n mile,航道内流态为落潮流,顺流拖运,拖带航速宜控制在2~3kn,该阶段耗时2~3h。此过程中,前拖应注意拖缆状态,避免缆绳受力不均导致拖轮船位无法稳定,拖轮调整船位前应适当松缆绳,避免受力过大导致拖轮无法控制船位甚至发生倾覆危险,船舶转向时充分利用拖轮控制好船位,尽可能将船位控制于略微上风、上流一侧,保证拖运安全。

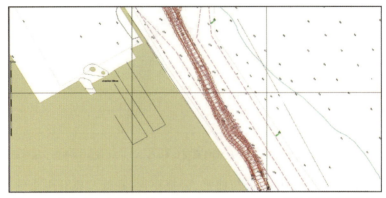

图 5-22　航道浮运,右横风 6 级,落潮流速 1.2m/s,X1～X4 段标准管节拖带轨迹

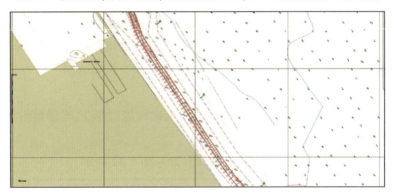

图 5-23　航道浮运,左横风 6 级,落潮流速 1.2m/s,X1～X4 段非标准管节拖带轨迹

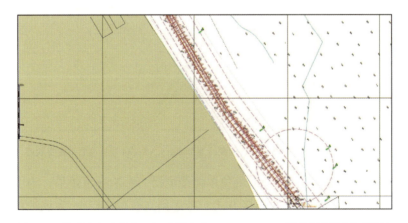

图 5-24　航道浮运,右横风 6 级,落潮流速 1.2m/s,X1～X4 段非标准管节拖带轨迹

X6～X7 段航程为 4.46n mile。由于拖带船队需要在 X7 回旋区进行掉头作业,因此拖轮编队在此阶段需要逐渐降速,耗时 2～3h。该段航道横流较前段航道明显增大,但整体流速逐渐变缓。该段航道有效宽度为 200m,拖轮编队应注意控制压差,船位宜略偏向上风、上流一侧。

第5章 湿拖浮运作业仿真模拟试验研究

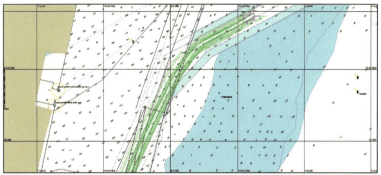

图 5-25 航道浮运,左横风 6 级,涨潮流速 1.2m/s,X6 段标准管节转向拖带轨迹

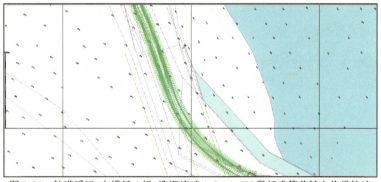

图 5-26 航道浮运,右横风 6 级,涨潮流速 1.2m/s,X6 段标准管节转向拖带轨迹

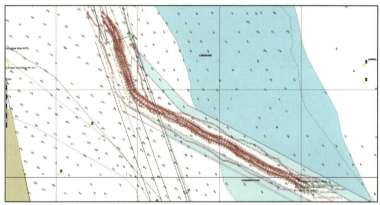

图 5-27 航道浮运,左横风 6 级,涨潮流速 1.2m/s,X6 段非标准管节转向拖带轨迹

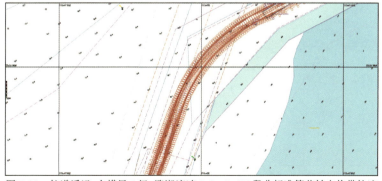

图 5-28 航道浮运,右横风 6 级,涨潮流速 1.2m/s,X6 段非标准管节转向拖带轨迹

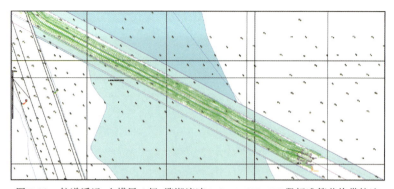

图 5-29　航道浮运,左横风 6 级,涨潮流速 1.2m/s,X6～X7 段标准管节拖带轨迹

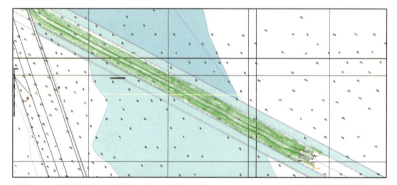

图 5-30　航道浮运,右横风 6 级,涨潮流速 1.2m/s,X6～X7 段标准管节拖带轨迹

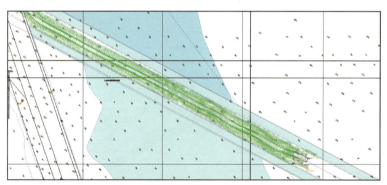

图 5-31　航道浮运,左横风 6 级,涨潮流速 1.2m/s,X6～X7 段非标准管节拖带轨迹

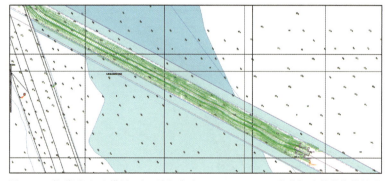

图 5-32　航道浮运,右横风 6 级,涨潮流速 1.2m/s,X6～X7 段非标准管节拖带轨迹

3)管节在候潮区掉头

管节在候潮区掉头试验部分航行轨迹如图 5-33～图 5-36 所示。

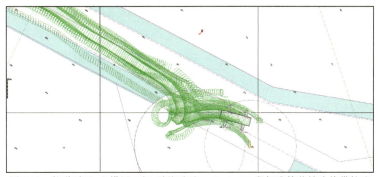

图 5-33　航道浮运,左横风 6 级,涨潮流速 0.6m/s,X7 段标准管节掉头拖带轨迹

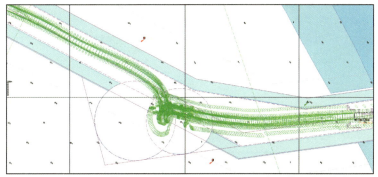

图 5-34　航道浮运,右横风 6 级,涨潮流速 0.6m/s,X7 段标准管节掉头拖带轨迹

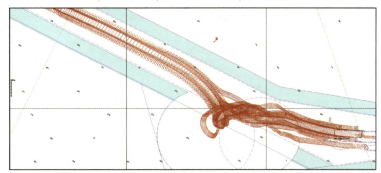

图 5-35　航道浮运,左横风 6 级,涨潮流速 0.6m/s,X7 段非标准管节掉头拖带轨迹

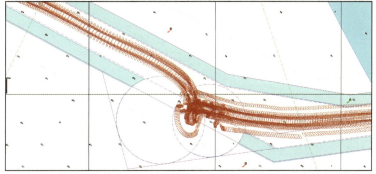

图 5-36　航道浮运,右横风 6 级,涨潮流速 0.6m/s,X7 段非标准管节掉头拖带轨迹

掉头过程应尽可能选择在低平潮缓流时刻,拖轮编队顶流掉头(顺时针掉头)。此阶段处于转流阶段,流向略微偏向涨潮流。完成掉头后,右舷拖轮解拖,移至船艉艉带拖。完成拖轮调整后,建议管节前(GINA端)工装架两边拖轮协助应急拖顶位就位,保证X7~X8段船队拖带安全。

掉头完成后,船舶首尾方向调换,拖轮布置发生调整,指挥人员应与拖轮船长提前沟通,明确各位置拖轮船名和下阶段拖带口令。此外,掉头后管节运动数据发生变化,指挥人员应注意区分。建议在可行的情况下,对管节动态数据格式进行调整,便于指挥人员进行指挥。

4)管节隧址系泊

管节隧址系泊试验部分航行轨迹如图5-37~图5-40所示。

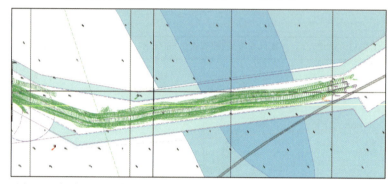

图5-37 航道浮运,左横风6级,涨潮流速0.9m/s,X7~X9段标准管节拖带轨迹

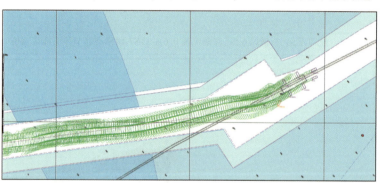

图5-38 航道浮运,左横风6级,涨潮流速0.9m/s,X7~X9段标准管节拖带轨迹

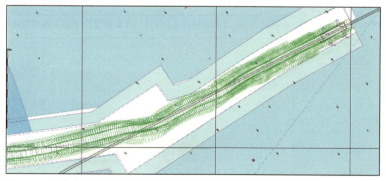

图5-39 航道浮运,左横风6级,涨潮流速0.9m/s,X7~X9段非标准管节拖带轨迹

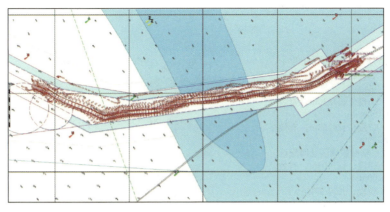

图5-40 航道浮运,左横风6级,涨潮流速0.9m/s,X7~X9段非标准管节拖带轨迹

管节隧址系泊阶段,对管节稳定性要求较高,各拖轮需要密切配合以稳定管节位置。此阶段作业尽可能选择在高平潮缓流期进行,避免流速过大影响定位精度。如遇潮流条件无法满足作业条件要求,建议在X7候潮区系泊等待。

5.2.6 模拟试验分析与结论

根据气象水文资料,建立了本项目的电子海图、通航环境仿真模型、试验管节模型和试验拖轮模型,按照管节拖轮编组方案进行模拟试验。试验工况选取不利水流、风力条件,重点考虑管节湿拖浮运窗口最不利条件工况组合下(最大横流流速0.6m/s,最大顺流流速1.2m/s,横风6级)的管节带离码头、管节在航道上浮运、管节在候潮区调头和管节沿隧址前移至对接面的操纵。运用大型船舶操纵模拟器进行了管节湿拖浮运操纵仿真模拟试验,对模拟试验取得的相关数据进行分析,结论如下。

1）管节出港池

利用绞车将管节移至港池中间后,先带好前拖和左右舷拖轮,建议前拖和尾拖采用龙须缆+主拖缆的连接方式,管节GINA端左右舷拖轮采用旁拖形式带缆,非GINA端拖轮直接带缆顶位就位。管节GINA端离开码头约150m时带妥尾拖。

具体操作及注意事项见第5.2.5节。

2）航道浮运

X0~X6段管节浮运航道宽160m,航道长5.73nm。X6~X8段管节浮运航道宽200m,航道长5.76nm,航道底高程为-12.7m。管节在X8点调整航向,进入基槽上方管节浮运航道,航道轴线沿沉管隧道轴线变化,宽200m,航道底高程为-12.7m,两侧各设90m宽拖轮航道,底高程为-6.5m。

拖运航道示意图如图5-41所示。管节沿航道浮运各阶段航迹宽度统计值见表5-12。

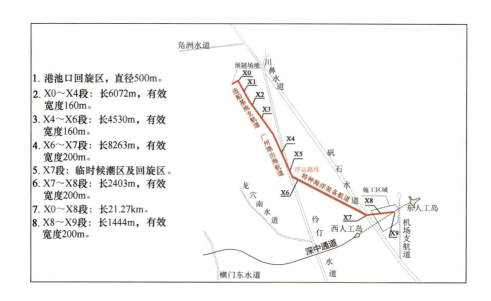

图 5-41 拖运航道示意图

管节沿航道浮运各阶段航迹宽度统计值　　　　　　　　　　表 5-12

序号	工　况	标准管节航迹带宽度（m）	非标准管节航迹带宽度（m）
1	左横风6级,有义波高0.8m,涨潮流速1.0m/s,X1～X4段	58	62
2	右横风6级,有义波高0.8m,涨潮流速1.0m/s,X1～X4段	65	68
3	左横风6级,有义波高0.8m,落潮流速1.2m/s,X4～X6段	68	66
4	右横风6级,有义波高0.8m,落潮流速1.2m/s,X4～X6段	63	65
5	左横风6级,有义波高0.8m,涨潮流速0.6m/s,X6～X7段	79	76
6	右横风6级,有义波高0.8m,涨潮流速0.6m/s,X6～X7段	86	88
7	左横风6级,有义波高0.8m,涨潮流速0.6m/s,X7～X8段	82	85
8	右横风6级,有义波高0.8m,涨潮流速0.6m/s,X7～X8段	92	90

注：未考虑拖轮占用水域。

具体操作及注意事项见第5.2.5节。

结合仿真模拟试验数据,X1～X4段标准管节航迹带平均宽度为61.5m,X4～X6段航迹带平均宽度为65.5m,X6～X7段航迹带平均宽度为82.5m,X7～X8段航迹带平均宽度为87m。浮运航道尺度能够满足拖轮编队单向通航要求,航道外侧水深可以满足拖轮使用需求,管节拖带安全基本可以得到保证。

3）拖轮配置

在设定的风流条件下(横风6级,横流流速0.6m/s,有义波高0.8m),配置8艘5000HP拖轮(首尾拖轮 2 艘,左右舷拖轮 4 艘,应急拖轮 2 艘)可以满足湿拖浮运、掉头及管节隧址系泊作业的要求,拖航速度能够维持在 2kn 左右,并能在 3 倍编队长度距离内停止运动。X0～X7 段拖轮配置方案示意图如图 5-42 所示,X7～X8 段拖轮配置方案示意图如图 5-43 所示。

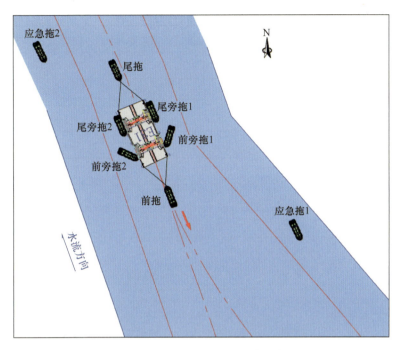

图 5-42　X0～X7 段拖轮配置方案示意图

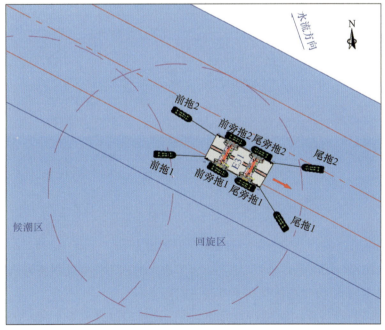

图 5-43　X7～X8 段拖轮配置方案示意图

4)拖带作业窗口期选择

结合工程水域2016年实测流场资料(表5-13),工程水域小潮情况下流速条件最优,建议项目第一次正式拖运选择在小潮阶段进行(图5-44),积累一定实操经验。

浮运各段流速实测资料　　　　　　　　　　　　　表5-13

航　段	最大横流流速(m/s)	最大纵流流速(m/s)	水　情
X0	0.32	1.00	2016年洪季大潮、枯季大潮
	0.31	0.89	2016年洪季中潮、枯季中潮
	0.24	0.47	2016年洪季小潮、枯季小潮
X0~X6 段（除X0 外）	0.18	1.21	2016年洪季大潮、枯季大潮
	0.13	1.07	2016年洪季中潮、枯季中潮
	0.11	0.80	2016年洪季小潮、枯季小潮
X6~X7 段	0.59	1.02	2016年洪季大潮、枯季大潮
	0.52	0.92	2016年洪季中潮、枯季中潮
	0.32	0.53	2016年洪季小潮、枯季小潮
X7~X9 段	0.90	0.70	2016年洪季大潮、枯季大潮
	0.78	0.29	2016年洪季中潮、枯季中潮
	0.48	0.42	2016年洪季小潮、枯季小潮

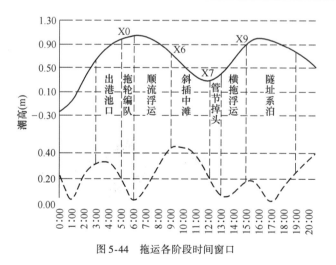

图5-44　拖运各阶段时间窗口

管节出港池的出口门时基本垂直于航道,管节进出港拖带作业受横流影响明显,为保证出港及掉头作业安全,此阶段宜选择在高平潮缓流时段进行。

X0~X6段航程长约6n mile,航行耗时2~3h。此阶段以落流为主,在X6~X7附近接近落急时刻,流速相对较大。模拟试验按照最大1.2m/s进行试验,合理操作拖轮条件下可以安全地完成转向作业。

X6~X7 段航程长约 4.5n mile,航行耗时 2~3h,流速逐渐减小,管节逐渐减速,进入掉头水域。

X7 段进行管节掉头作业,应尽可能选择在低平潮缓流时刻,并完成拖轮重新布置,调整航行,完成航道上线。

X7~X8 段航道与流向接近垂直,此阶段以涨潮为主,航道长 1.3n mile,航行耗时 1~2h,航行需要经历涨急过程,结合流场实测数据判断最大流速为约 0.9m/s。对最大流速为 0.9m/s 的涨潮工况进行模拟试验,结果表明应急拖在水流下游于船体侧位辅助控制船体的方式可以有效地控制管节船位。高平潮前后,管节进入 X8~X9 段进行隧址系泊作业。

5) 拖轮编队过弯

整个管节浮运过程中,有 4 次较大的航向变化。在通过转向点之前提前减速,顶流时船位适当前移,利用水流压力控制拖首转向;顺流时尾拖适当提前调向,顺流势转向,拖轮不吃力,船队运行轨迹平顺。

6) 回旋水域

在 X7 点附近,设置有管节临时系泊区和回旋水域,回旋水域连接新建东航道。管节浮运至 X7 点后需要掉头,使安装有 GINA 止水带的一端朝前,做好与已沉放管节对接的准备。回旋水域尺度满足拖轮编队旋回掉头的要求,但由于回旋水域靠近新建东航道端部,回旋余地较小,因此建议管节浮运时在临时停泊区掉头,调整好船位后驶入新建东航道。

回旋完成后尽快控制拖轮方向,并且尽可能将管节控制在上风、上流端,由于初期航速较慢,横流影响明显,应急拖宜在下流侧顶位就位,确保管节位置。

7) 制动水域

经船舶操纵仿真模拟试验验证:本工程管节浮运制动水域设置于直航道上,可取 3 倍拖轮编队长度(最大设计编队长度 441m),即 1323m。浮运最短直线航道长度为 2493m(X7~X8段),因此,航道制动水域满足拖轮编队制动要求。

8) 管节沿隧址移动对接

管节沿隧址路由移动,做好沉放对接的准备。由于受横流的影响,管节拖带过程中需要适当偏向迎流侧,以便系泊固定后调整管节位置,保证精准对接。

9) 管节回拖

管节回拖也需要选择合适的窗口期。当气象水文条件不允许时,应在临时系泊点等待窗口期的到来。管节回拖与正常拖带一样,要周密制订拖带计划,配备相应的拖轮和安全设施设备,确保管节回拖安全。

10) 管节拖带风险控制建议

①管节浮运前,项目部对所有参与施工作业人员进行统一安全技术交底,让参与施工作业的人员掌握窗口作业条件及风险预控措施。参与浮运作业的船舶船长、操船人员必须熟悉浮

运线路、附近航道、航标、碍航物、水深、潮汐、流速等施工海域相关情况。

②与国家海洋预报中心保持沟通,提高相关水域的海流、风场、潮汐预报的精度,选择适宜区域进行浮运作业。

③浮运前确认管段吃水深度满足施工要求,浮运时派专人观察、指挥。浮运过程中严格控制管段绞移速度,密切关注各缆系受力情况,避免发生断缆。同时,管底与海床间预留一定的安全距离。拖轮注意港池开挖边界,与码头及管节保持安全距离,防止发生触底、碰撞。

④浮运作业前安排专人检查缆系、锚系、卷扬机系统等设备状况,提前储备钢丝绳、卡环、快速脱钩器、尼龙缆等设备、器材。

⑤拖轮及被拖管段安装浮运导航专用系统,以提高浮运指挥、操控精准度,浮运前对导航系统进行检查、调试、测试,增加应急备用系统,确保浮运期间导航系统正常运行。

⑥浮运过程中,对管节端封门密封情况进行实时监测,发现问题立即处置。

⑦设置专用指挥频道和专用施工频道,规范指挥用语,统一操作口令,讲普通话,禁用方言。

⑧建立通航安全管理领导小组,在清晰了解浮运航线周围水域水深情况的基础上,与海事部门统一规划禁航施工水域、通航监管水域、临时候泊锚地等,合理设置清晰的警示、警戒、助(导)航设施。

⑨采取进出施工区监管水域报告制度,严禁超范围施工和跨区、跨航道(航线)航行或锚泊;施工区水域上下游设置警戒船或警示标志,协助海事部门、船舶调度指挥管理系统监管平台做好船舶疏导工作。

⑩建立信息利用调度指挥管理系统的管路平台,与海事局船舶交通服务中心、施工区周边各港口共享信息,及时掌握施工区水域船舶动态、珠江口航行船舶实时动态、过境船舶(航班)信息以及气候、潮汐水文等与航行有关的信息。

⑪管节浮运前,将浮运计划报海事局,并向海事局申请发布航行通(警)告,申请警戒、清道、护航、临时封航等。在海事部门的协助安排下,在规定的时间内完成任务。根据施工进度提前向海事局申请,做好发布临时航道变更公告等应急准备工作。

⑫浮运过程中安排专人对浮运船队进行统一指挥。船队前方由海事部门安排海巡船清道,浮运警戒船在船队两侧警戒,测量船监测流速、流向,应急拖轮、锚艇全程护航。

⑬施工船舶按要求开启或悬挂号灯和号型。

5.3 本章小结

本章建立了有限水域的船舶运动数学模型。建立随船坐标系和符合右手直角坐标系的对地坐标系,分析推导出在有限水域中的船舶运动数学模型,并在此基础上结合气象水文资料开展通航环境模拟试验。试验模拟了不同工况、不同拖轮配备及不同海洋环境条件下的拖航运动情况,重点考虑了管节湿拖浮运窗口最不利条件组合下(横流流速 0.6m/s,顺流流速 1.2m/s,横风 6 级)管节出港池、管节在航道上浮运、回旋区水域掉头和管节沿隧址前移至对接面。对模拟试验取得的相关数据进行分析,得出以下结论:

①在管节出港池阶段,由于首尾受流不均,管节易发生偏转,应适时利用拖轮稳住船位,管节尾部让清口门,尾拖适当增大功率,控制拖带速度,避免进速过大、超出回旋水域范围。利用拖轮在回旋区内调整管节姿态,前拖逐渐增大功率,实现管节航道上线,或者直接选择在高平潮缓流时刻进行作业,确保拖带作业安全。

②前拖采用龙须缆+主拖缆的连接方式,选用可从尾部带缆双绞车的拖轮,不仅便于长距离拖带操作,而且基本可以保证管节拖带安全。

③管节在通过转向点之前应提前减速,顶流时船位适当前移,利用流压转向,顺流时尾拖转向可以适当提前,顺流势转向不吃力,使船队运行轨迹平顺。

④管节在回旋区完成回旋后应尽快带拖拖轮,尽可能将管节控制在上风端、上流端,并且由于初期航速较慢,横流影响明显,宜使应急拖在下流侧顶推就位,确保管节的姿态和位置。

第 6 章　拖航过程中管节下沉量计算

6.1　管节下沉量计算理论基础

6.1.1　下沉力的计算

管节拖航过程中,引起周围流体绕过管节的流动,水面产生波动。管节拖航阻力大,而且拖航速度很慢,为了简化计算,可以忽略水面的波动。考虑流体的黏性,流体不可压缩,绕流流动遵守质量守恒方程和动量守恒方程。

在直角坐标下,质量守恒方程为:

$$\frac{\partial V_x}{\partial x} + \frac{\partial V_y}{\partial y} + \frac{\partial V_z}{\partial z} = 0 \tag{6-1}$$

动量守恒方程(N-S 方程)为:

$$\frac{\partial v_x}{\partial t} + v_x\frac{\partial v_x}{\partial x} + v_y\frac{\partial v_x}{\partial y} + v_z\frac{\partial v_x}{\partial z} = -\frac{1}{\rho}\frac{\partial p}{\partial x} + v\left(\frac{\partial^2 v_x}{\partial x^2} + \frac{\partial^2 v_x}{\partial y^2} + \frac{\partial^2 v_x}{\partial z^2}\right) + f_x \tag{6-2}$$

$$\frac{\partial v_y}{\partial t} + v_x\frac{\partial v_y}{\partial x} + v_y\frac{\partial v_y}{\partial y} + v_z\frac{\partial v_y}{\partial z} = -\frac{1}{\rho}\frac{\partial p}{\partial y} + v\left(\frac{\partial^2 v_y}{\partial x^2} + \frac{\partial^2 v_y}{\partial y^2} + \frac{\partial^2 v_y}{\partial z^2}\right) + f_y \tag{6-3}$$

$$\frac{\partial v_z}{\partial t} + v_x\frac{\partial v_z}{\partial x} + v_y\frac{\partial v_z}{\partial y} + v_z\frac{\partial v_z}{\partial z} = -\frac{1}{\rho}\frac{\partial p}{\partial z} + v\left(\frac{\partial^2 v_z}{\partial x^2} + \frac{\partial^2 v_z}{\partial y^2} + \frac{\partial^2 v_z}{\partial z^2}\right) + f_z \tag{6-4}$$

式中:v_x, v_y, v_z——分别为 x、y、z 方向的速度;

　　　ρ——流体的密度;

　　　p——压强;

　　　v——流体的运动黏度;

　　　f_x, f_y, f_z——分别为 x、y、z 方向的质量力。

将以上基本方程和管节拖航引起的流动边界条件一起求解,即可得到该流动问题的解。流体的作用力不仅阻碍拖航前进,还会产生下沉力。

6.1.2　下沉运动的计算

根据相对运动原理,管节匀速拖航,可以看成管节不前进,而是水流以相同的速度流过来。本节取水流流速 $U_{水流} = 2.5 \text{m/s}$。

管节在水面处于平衡状态时,重力与浮力平衡。拖航前进时,在下沉力 $F_下$ 和浮力 $F_浮$ 作用

下具有初始加速度$a_下$,向水下缓慢运动。设管节的质量为$M_{管节}$,由牛顿第二定律可得:

$$a_下 = \frac{F_下 - F_浮}{M_{管节}} \tag{6-5}$$

在初始时刻,重力与浮力平衡,故$F_浮 = 0$。

竖直方向管节受力示意图如图 6-1 所示。

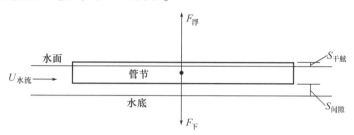

图 6-1 竖直方向管节受力示意图

此加速度使管节经过时间间隔Δt后具有下沉速度$V_下$:

$$V_下 = V_0 + a_0 \Delta t \tag{6-6}$$

式中:V_0——上一时刻的速度。初始时刻下沉速度为 0。

下沉的位移(下沉量)$S_下$可按下式计算:

$$S_下 = S_0 + \frac{V_0 + V_下}{2} \Delta t \tag{6-7}$$

式中:S_0——上一时刻的下沉量。初始时刻下沉量为 0。

一旦管节下沉,其在竖直方向还受到因与水底接近而增加的浮力,该浮力阻碍管节下沉:

$$F_浮 = \rho_水 g L B S_下 \tag{6-8}$$

这里,$\rho_水 = 1025 \text{kg/m}^3$,$g = 9.8 \text{m/s}^2$,管节长度$L = 165 \text{m}$,管节宽度$B = 46 \text{m}$。

干舷为 0.2m 时,管节能够提供的最大浮力$F_{浮,0.2m}$为:

$$F_{浮,0.2m} = \rho_水 g L B S_{干舷} = 1025 \times 9.8 \times 165 \times 46 \times 0.2 = 1.52248 \times 10^7 (\text{N})$$

干舷为 0.3m 时,管节能够提供的最大浮力$F_{浮,0.3m}$为:

$$F_{浮,0.3m} = \rho_水 g L B S_{干舷} = 1025 \times 9.8 \times 165 \times 46 \times 0.3 = 2.2872 \times 10^7 (\text{N})$$

管节下沉时,由于下沉速度的存在,会产生阻碍管节下沉的流体阻力$F_阻$。但是由于下沉速度很小,该力比浮力小两个量级,所以可以忽略不计。

随着管节下沉量的增加,净浮力增大,向下的力也增大,两个力是变化的。净浮力$F_浮$可按式(6-8)计算得到,但是向下的力$F_下$需要使用 CFD 方法模拟流体流动才能获得,可以采用缩小模型模拟计算,通过相似换算得到实型的解;也可以直接做实型模拟。

此流动的雷诺数$Re = \frac{U_{水流} L}{v} = \frac{2.5 \times 165}{1 \times 10^{-6}} = 4.125 \times 10^8$,该雷诺数很大,如果采用模型计算,则流速很快,不符合物理规律,所以采用实型进行流动仿真计算。

关于$F_下$,有两种处理方法:

①动态模拟管节下沉过程。该方法需要采用动网格技术进行瞬态计算。但是实型流动模拟的网格数巨大且瞬态计算的时间步长要求达10^{-4}s，计算量巨大，不仅费时，计算精度也无法保证，所以不值得采用。

②采用静态的方法模拟动态下沉过程中的受力。具体做法是通过数值模拟得到几个不同下沉量$S_下$情况下的下沉力$F_下$，拟合下沉力与下沉量之间的关系式$F_下=f(S_下)$，代入式(6-7)，即可模拟管节的下沉运动过程，从而得到最大下沉量。本章采用静态的方法进行分析和计算。

6.2 管节下沉量分析

6.2.1 下沉力的仿真计算

6.2.1.1 计算模型和网格示意图

CFD数值仿真首先要建立模型和划分网格。计算域俯视图如图6-2所示，边界条件示意图如图6-3所示，网格划分示意图如图6-4所示。

图6-2 管节模型计算域俯视图

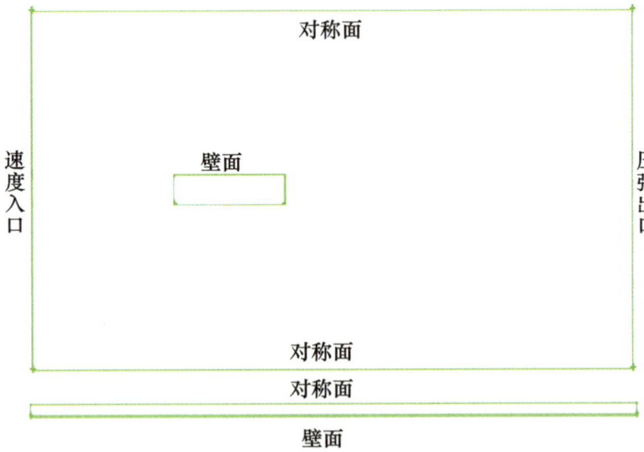

图6-3 管节模型边界条件示意图

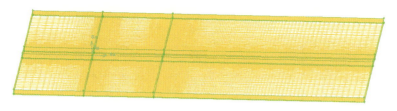

图 6-4 网格划分示意图

6.2.1.2 干舷 0.3m 分析计算

对于干舷 0.3m,先在水面平衡状态下计算其下沉力,然后在此力不变的情况下,计算出最大下沉量,这个下沉量位置就是另一个极限位置。

1) 平衡位置的流动计算结果

干舷 0.3m 时,管节底面与水底之间的间隙为 2.1m,计算结果为 1.23×10^7N。由此可见,向下的力小于储备浮力。将此力恒定作用于管节,得到管节下沉运动时程,如图 6-5 所示。

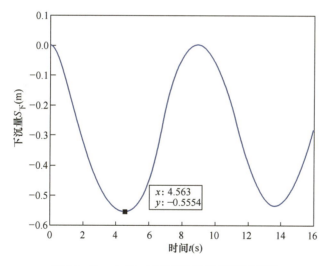

图 6-5 $F_{下} = 1.23 \times 10^7$N 时的管节下沉运动时程

计算出最大的下沉量为 0.324m。考虑实际下沉力会随着下沉量的增大而增大,取 0.4m 为下一个计算的位置。

2) 下沉量 0.4m 位置的流动计算结果

下沉量为 0.4m 时,管节底面与水底之间的间隙为 1.7m。此时,管节完全浸入水中,并且上表面浸入水下 0.1m。数值建模时,如果考虑此 0.1m,将会形成一个狭小的通道,通道内流速很快。而实际情况是水面会有波动,流速并不会上升,并且通道内上表面可被视为一层薄薄的水,因而通道内上表面的压强与大气压强接近。综合考虑,建模时没有考虑此处的薄层水体,而用箱体填充。

计算结果为 1.67×10^7N。由此可见,向下的力仍然小于储备浮力。将此力也恒定作用于管节,得到管节下沉运动时程,如图 6-6 所示。

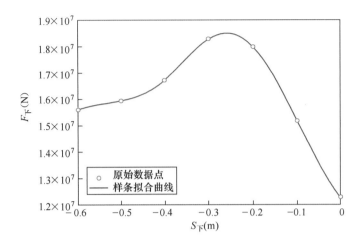

图 6-6　$F_下 = 1.67 \times 10^7 \text{N}$ 时的管节下沉运动时程

图 6-5 显示,计算得到的最大下沉量约为 0.56m。通过以上两个最大下沉量的估算,可以确定干舷 0.3m 时的最大下沉量在 0.6m 以内。所以,计算下沉量为 0m、0.1m、0.2m、0.3m、0.4m、0.5m、0.6m 位置的下沉力,用 7 个位置的下沉力拟合下沉力与下沉量之间的关系。

3) 拟合下沉力与下沉量之间的关系

假定下沉量为 0m、0.1m、0.2m、0.3m、0.4m、0.5m、0.6m,分别计算下沉力,计算结果见表 6-1。表中不仅给出了以上 7 个假定下沉量状态的下沉力,还给出了所受的流体阻力 R。

不同下沉量位移 $S_下$ 时管节受到的下沉力 $F_下$ 和流体阻力 R 的大小　　表 6-1

下沉量(m)	0	0.1	0.2	0.3	0.4	0.5	0.6
下沉力(N)	1.230×10^7	1.520×10^7	1.800×10^7	1.830×10^7	1.674×10^7	1.595×10^7	1.563×10^7
流体阻力 R(N)	0.169×10^7	0.176×10^7	0.174×10^7	0.177×10^7	0.192×10^7	0.214×10^7	0.194×10^7

注:流体阻力 R 指管节在前进运动过程中阻碍其向前运动的力。

采用样条函数对下沉力 $F_下$ 数据进行拟合,拟合结果如图 6-7 所示。从图中可以看出,拟合曲线平顺,计算点与拟合曲线重合,说明下沉力的计算结果有较高的可信度。

4) 最大下沉力计算

管节在变化的下沉力和净浮力的作用下运动,计算出的下沉运动时程如图 6-8 所示。

由图 6-8 可知,干舷为 0.3m、拖速为 2.5m/s 时,最大下沉量为 0.536m。

6.2.1.3　用经验公式估算下沉量

美国 Army Corps of Engineers 推荐的船舶在浅水航道中航行时船体下沉量的计算公式为:

$$\text{船体下沉量} = 2C_B U^2 / 100 \tag{6-9}$$

式中:C_B——方形系数;

U——航速(kn)。

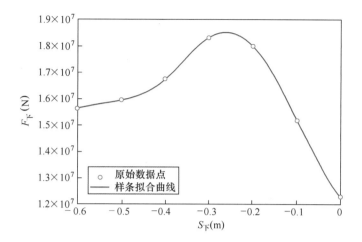

图 6-7 下沉力 $F_下$ 拟合曲线图

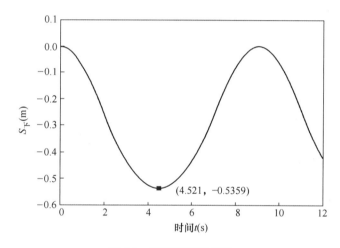

图 6-8 管节下沉运动时程

该管节的拖速为 2.5m/s，即 4.86kn，方形系数为 1，由此可以估算该管节的下沉量为 0.472m。

6.2.2 干舷为 0.3m 时的下沉力仿真计算分析

6.2.2.1 干舷为 0.3m 时的下沉力仿真计算流动细节显示

1）箱体表面压强分布云图

图 6-9 显示了 7 个假定下沉量位置的箱体表面压强分布。

2）水面压强分布云图

图 6-10 显示了 7 个假定下沉量位置的水面压强分布。

3）水面速度分布云图

图 6-11 显示了 7 个假定下沉量位置的水面速度分布。

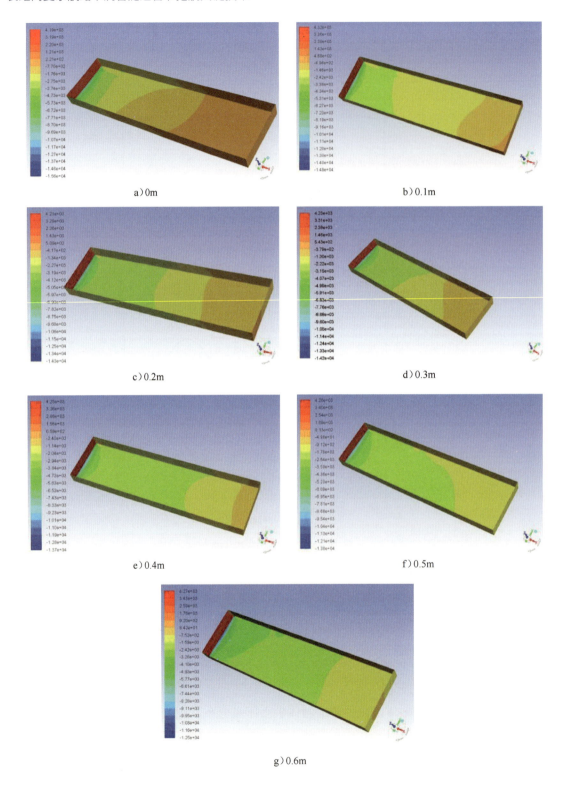

图6-9 7个假定下沉量位置的箱体表面压强分布云图(仿真软件截图)

第6章 拖航过程中管节下沉量计算

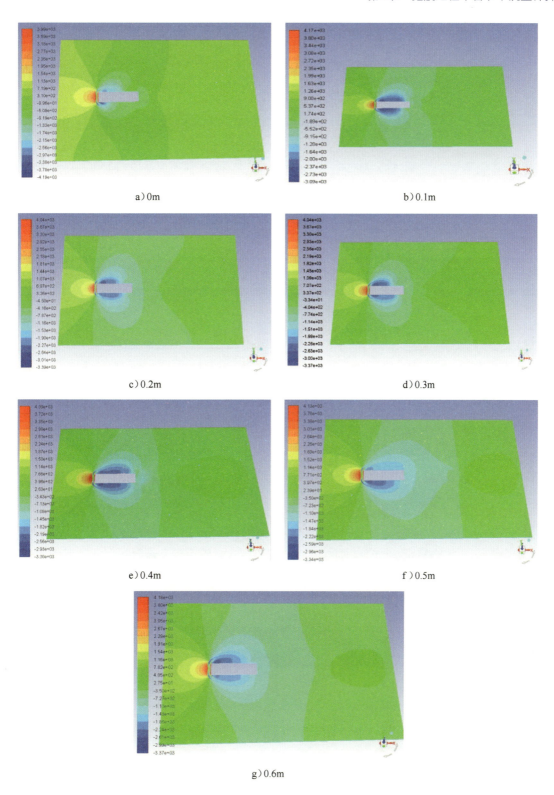

a）0m

b）0.1m

c）0.2m

d）0.3m

e）0.4m

f）0.5m

g）0.6m

图6-10 7个假定下沉量位置的水面压强分布云图（仿真软件截图）

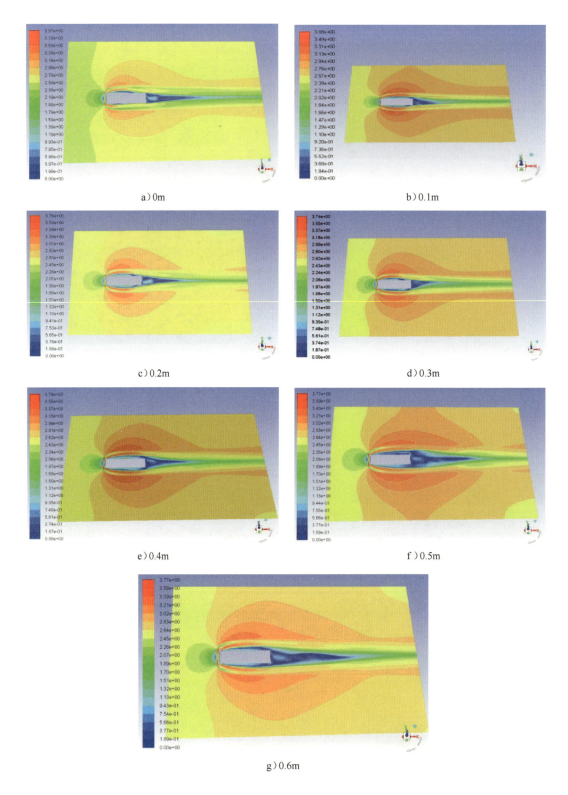

图 6-11 7 个假定下沉量位置的水面速度分布云图(仿真软件截图)

4）水面速度矢量分布图

图 6-12 显示了 7 个假定下沉量位置的水面速度矢量分布。

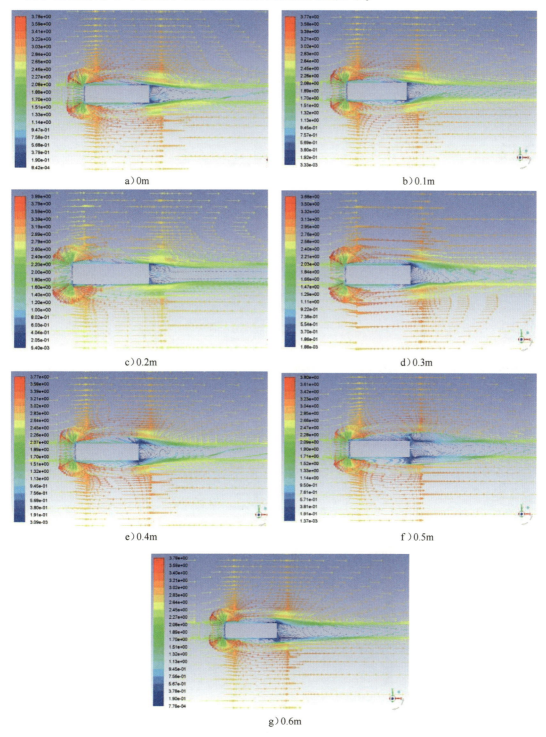

a）0m
b）0.1m
c）0.2m
d）0.3m
e）0.4m
f）0.5m
g）0.6m

图 6-12　7 个假定位置的水面速度矢量分布云图（仿真软件截图）

5)中纵剖面速度分布云图

图6-13显示了7个假定下沉量位置的中纵剖面速度分布。

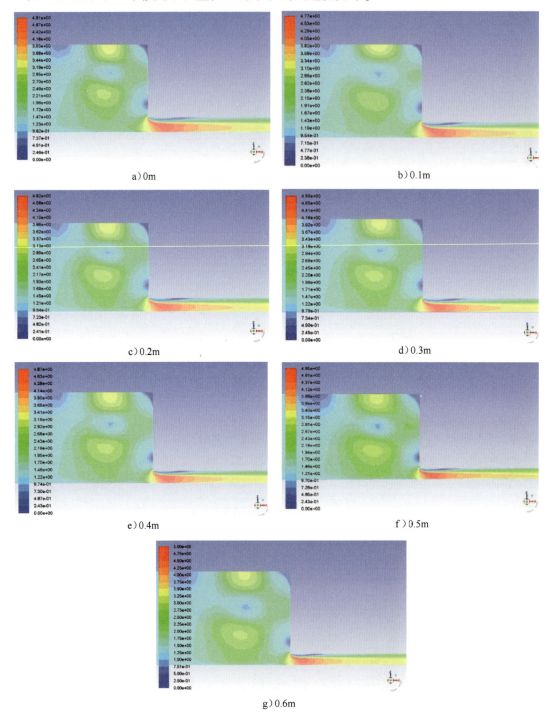

图6-13 7个假定下沉量位置的中纵剖面速度分布云图(仿真软件截图)

6) 中纵剖面速度矢量分布图

图 6-14 显示了 7 个假定下沉量位置的中纵剖面速度矢量分布。

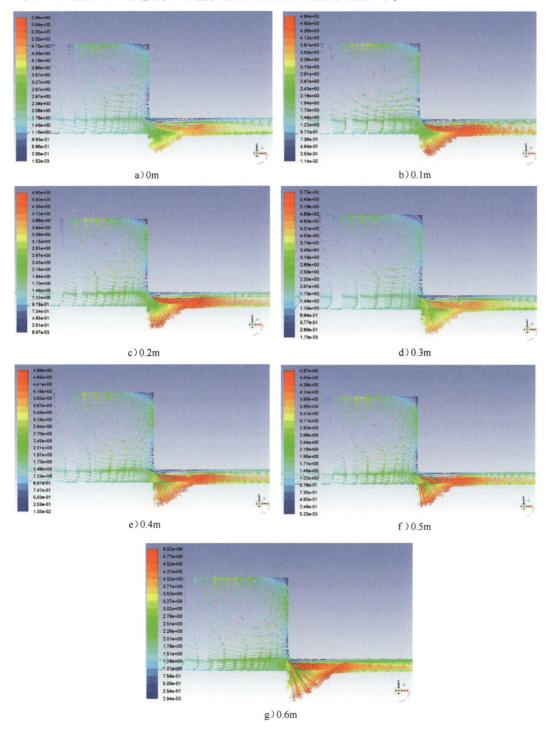

图 6-14　7 个假定下沉量位置的中纵剖面速度矢量分布云图(仿真软件截图)

6.2.2.2 小结

本项目主要研究了深中通道管节在水深为12.4m的海上浅水域以2.5m/s的拖航速度前进过程中的最大下沉量。管节的主尺度为 $L \times B \times H = 165m \times 46m \times 10.6m$，质量 $M_{管节} = 7.7 \times 10^4 t$，并对干舷0.2m和0.3m的情况分别进行了研究。

采用CFD方法进行实体沉箱下沉力的仿真计算，从下沉力拟合曲线平顺、流动细节符合物理规律两个方面说明仿真结果可信。

通过管节下沉方向的受力分析，根据牛顿第二运动定律自编程序计算下沉运动。由下沉运动历时曲线得到最大下沉量。干舷为0.3m、拖航速度为2.5m/s时，管节的最大下沉量为0.536m。该值与用船舶下沉量估算公式计算得到的下沉量(0.472m)比较吻合。但是，此最大下沉量显示管节出现浸入水中的现象，与实际管节浮在水面的情况不符。因此，需补充进行低拖速的下沉量研究。

6.2.3 干舷为0.3m时管节拖速减小的影响分析

考虑实际拖速常在较低的2~3kn范围，为了对高速拖航有一定的指导意义，选择1.5m/s和2m/s拖速做补充计算。

水深、拖速、干舷是影响下沉量的主要因素。本节假定干舷为0.3m，水深为12.4m，海水密度为 $1025 kg/m^3$。

6.2.3.1 拖速为1.5m/s的情况

1) 拟合下沉量与下沉力之间的关系

在进行初步估算之后，可认为管节在1.5m/s拖速时的下沉量在0.3m以内。假定下沉量分别为0m、0.1m、0.2m、0.3m，计算下沉力，计算结果见表6-2。

不同下沉量 $S_下$ 时管节受到的下沉力 $F_下$　　　　表6-2

下沉量(m)	0	0.1	0.2	0.3
下沉力(N)	0.446×10^7	0.698×10^7	0.637×10^7	0.452×10^7

采用样条函数对下沉力数据进行拟合，拟合结果如图6-15所示。

2) 最大下沉量计算

速度较小时，下沉力也随之大大减小，相对于下沉力而言，管节下沉所受流体阻力 $F_阻$ 不可忽略。$F_阻$ 方向与下沉速度相反，并随时间变化。管节在变化的下沉力、流体阻力和净浮力的作用下运动，计算得到的下沉运动时程如图6-16所示。

由图6-16可知，干舷为0.3m、拖速为1.5m/s时，最大下沉量为0.165m。

3) 用经验公式估算下沉量

根据美国Army Corps of Engineers推荐的船舶在浅水航道中航行时船体下沉量的计算公式[式(6-9)]计算下沉量。

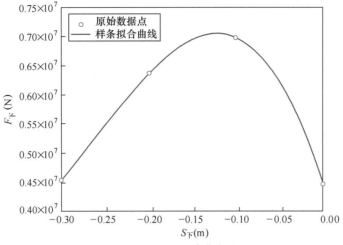

图 6-15　$S_下$-$F_下$ 拟合曲线图

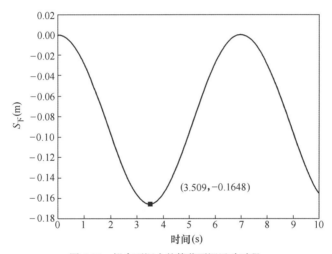

图 6-16　拟合下沉力的管节下沉运动时程

该管节的拖航速度为 1.5m/s，即 2.92kn，方形系数为 1，可以估算该管节的最大下沉量为 0.171m，与仿真模拟得到的下沉量(0.165m)吻合较好。

6.2.3.2　拖速为 2m/s 的情况

1）拟合下沉量与下沉力之间的关系

在进行初步估算之后，可认为管节在 2m/s 拖速时的下沉量在 0.3m 以内。假定下沉量分别为 0m、0.1m、0.2m、0.3m，计算下沉力，计算结果见表 6-3。

不同下沉量 $S_下$ 时管节受到的下沉力 $F_下$　　表 6-3

下沉量(m)	0.0	0.1	0.2	0.3
下沉力(N)	0.806×10^7	1.180×10^7	1.130×10^7	1.100×10^7

采用样条函数对下沉力 $F_下$ 数据进行拟合，拟合结果如图 6-17 所示。

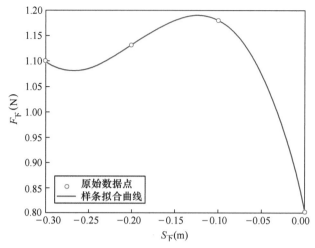

图 6-17 $S_\text{下}$-$F_\text{下}$ 拟合曲线图

2)最大下沉量计算

管节在变化的下沉力、流体阻力和净浮力的作用下运动,计算得到的下沉运动时程如图 6-18 所示。

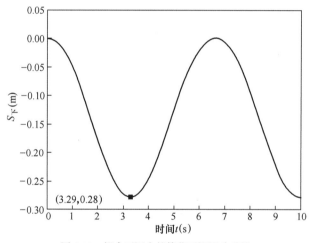

图 6-18 拟合下沉力的管节下沉运动时程

由图 6-18 可知,干舷为 0.3m、拖速为 2.0m/s 时,最大下沉量为 0.278m。

3)用经验公式估计下沉量

根据式(6-9)计算下沉量,该管节的拖航速度为 2.0m/s,即 3.89kn,方形系数为 1,可以估算该管节的最大下沉量为 0.303m,与仿真模拟得到的下沉量(0.278m)吻合较好。

6.3 本章小结

考虑管节为矩形断面,拖航阻力大,且在拖航过程中引起周围流体绕过管节的流动,同时水面产生波动,流体的不可压缩性会使水面产生阻碍管节拖航前进和下沉的作用力。由于阻碍管节拖航前进的流体作用力已在前文得到计算,而下沉作用力还未得到研究,因此本章重点分析了下沉作用力对管节拖航浮运的影响。

本章分析了管节干舷为0.3m时,在三个拖航速度(1.5m/s、2m/s 和 2.5m/s)下发生的最大下沉量。可知在其他因素不变的情况下,最大下沉量随着拖航速度的增加而增大。当拖速为1.5m/s(2.92kn)时,最大下沉量为0.165m,管节完全浮在水面以上;当拖速为2.0m/s(3.89kn)时,最大下沉量为0.278m,稍微小于干舷(0.3m),管节几乎完全浮在水面以上;当拖速为2.5m/s(4.86kn)时,最大下沉量为0.536m,大于干舷(0.3m),管节在部分时间会浸入水面以下。

第7章 管节拖航示范应用

7.1 船舶交通量统计分析

珠江口是我国水上运输最繁忙、船舶密度最大的水域之一。广州港出海航道沿途各航段的船舶交通密度与流向不尽相同,根据广州港深水航道伶仃航道 2018 年第 4 季度船舶自动识别系统(AIS)船舶航迹图和船舶交通量统计资料计算的珠江口水域交通流量如下。

1)日船舶交通量

截面日船舶交通量为 289.9 艘次。

2)按船长统计

按船长统计的船舶交通量以及占总船舶交通量的比例见表 7-1 和图 7-1。

按船长统计的船舶交通量一览表   表 7-1

船长 $L(\mathrm{m})$	艘 次	所占比例(%)
$L > 285$	131	0.49
$170 < L \leqslant 285$	2048	7.68
$120 < L \leqslant 170$	2211	8.29
$100 < L \leqslant 120$	751	2.82
$60 < L \leqslant 100$	3456	12.96
$L < 60$	18071	67.76
合计	26668	100.00

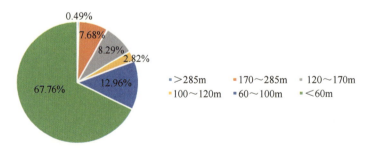

图 7-1 按船长统计的船舶交通量占比

船长小于 60m 的船舶所占比例较大,约为 67.76%;其次是船长为 60~100m 的船舶,所占比例约为 12.96%;船长大于 285m 的船舶所占比例最小,约为 0.49%。

3）按船舶种类统计

按船舶种类统计的船舶交通量及占船舶交通量的比例见表7-2、图7-2、图7-3。

按船舶类型统计的船舶交通量 表7-2

类别	上行	下行
地效翼船	1	1
高速船	150	162
货船	3340	3338
客船	8	10
危险品船	545	497
油船	824	902
非运输船	482	372
特殊船舶	163	146
其他	7903	8027
总交通量	13416	13455
	26871	

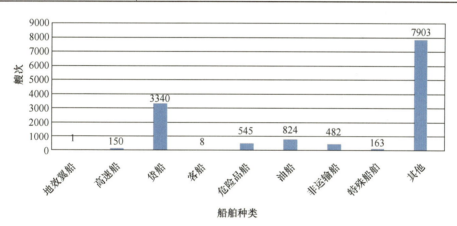

图7-2 按船舶类型统计的船舶交通量统计图（上行）

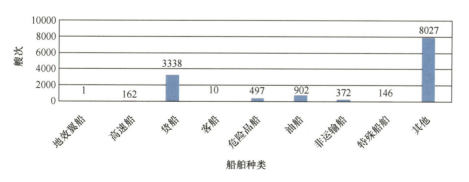

图7-3 按船舶类型统计的船舶交通量统计图（下行）

从上述图表可知,伶仃航道通航船舶种类较多,船舶交通量较大,且整个珠江口水域截面线位上均有交通流量分布。

7.2 拖带方案

7.2.1 沉放驳及旁拖工装架

管节浮运时,沉放驳搁置在管顶,如图7-4、图7-5所示。沉放驳吊码与管节吊点连接、收紧。为确保管节浮运时旁拖可更加充分地发挥效力以控制管节偏航值,在沉放驳艏艉端安装突出管节两侧的旁拖工装架作为旁拖的顶推、拖带点,供旁拖顶推、拖带用,避免损伤管节钢壳及钢壳面的牺牲阳极块。旁拖工装架顶推面间距(管节横向)为56.6m,大于管节最宽处(含牺牲阳极块)的宽度。管节施工有效宽度为29.86m,可供最多2艘5000HP的港作拖轮同时顶推。

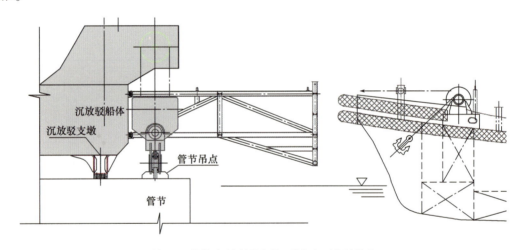

图7-4 管节、沉放驳及旁拖工装架相对位置关系

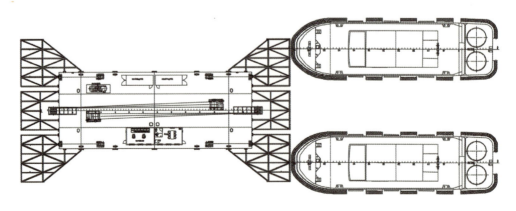

图7-5 沉放驳及旁拖工装架平面布置图

沉放驳与吊点间通过限位装置连接,使拖轮作用在沉放驳上的作用力可传递至管节结构上,如图7-6、图7-7所示。

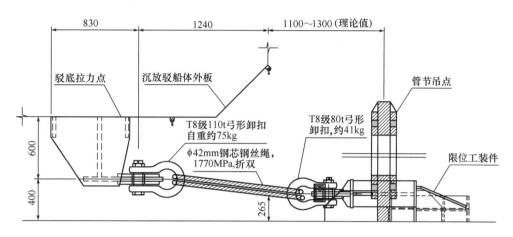

图7-6 沉放驳限位装置立面图(尺寸单位:mm)

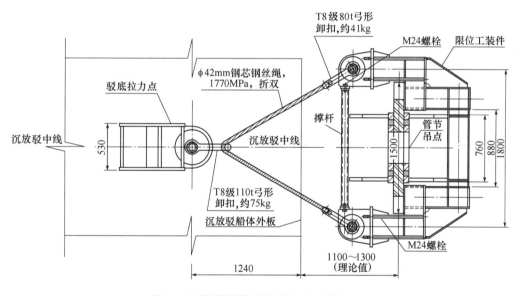

图7-7 沉放驳限位装置平面图(尺寸单位:mm)

沉放驳支墩底设橡胶垫,防止支墩损坏管节钢壳面防腐涂层。

7.2.2 管节拖航阻力计算

通过物理模型试验,测量深中通道标准管节在0°和90°水流作用下受到的阻力,分析计算对应条件下的阻力系数,得到如下重要结论:

①在水流作用下,管节受到的阻力及对应的阻力系数大体随着水位的降低而增大。

②在同一水位条件下,随着流速的增加,阻力显著增大,阻力系数也增大。

③与0°水流作用对比,90°水流作用时阻力系数显著增大。

④0°水流作用时,在流速0.5144~2.0576m/s区间,设计高水位时,管节的阻力值为72~1384kN,阻力系数为1.15~1.36;设计低水位时,管节的阻力值为90~1547kN,阻力系数为1.43~1.52。

⑤90°水流作用时,在流速0.5~0.8m/s区间,设计高水位时,管节的阻力值为516~1442kN,阻力系数为2.41~2.63;设计低水位时,管节的阻力值为540~1525kN,阻力系数为2.52~2.78。

⑥从本次试验结果与公开可查资料上得到的阻力系数对比来看,管节底部的富余水深是影响阻力大小的重要参数。

不同角度来流阻力及阻力系数汇总表见表3-14、表3-16。阻力系数对比见表3-17。不同工况下,E27管节与沉放驳的横漂运动响应见表4-10,E32管节与沉放驳的横漂运动响应见表4-12。

7.2.3 实施方案

7.2.3.1 管节出港池

管节起浮,进行二次舾装及一系列安装调试,满足沉放要求后,选择合适的浮运窗口期,由拖轮编队拖带管节离开码头,移出港池口。二次舾装区周围还寄放其他管节,拖轮直接拖带管节离开码头存在一定风险,需要把管节移出码头寄放区后再进行拖带作业。为此,在码头相应位置布置20t绞车,缆绳直径为32~38mm,长500~800m。先利用绞车将管节绞移出寄放区,然后拖轮拖带,将管节浮运出港池。管节出港池作业步骤见表7-3。

管节出港池作业步骤　　　　表7-3

步骤	操作说明
1	1. 码头上的6台绞车带缆到管节缆桩上。 2. 松脱二次舾装的系泊缆
2	管节在绞车的控制下往外平移
3	管节平移280m后驻停,过夜或等拖轮到来
4	1. 尾旁拖1、尾旁拖2在GINA端靠船工装就位,带缆。 2. 松脱1号、7号缆桩上绞车的缆绳。 3. 前旁拖1、前旁拖2在非GINA端靠船工装就位,带缆。 4. 松脱6号缆桩上绞车的缆绳。 5. 松脱4号、5号缆桩上绞车的缆绳。 6. 前拖艄部带"8"字缆到4号、5号缆桩
5	在拖轮操控下,管节往港池口中线移动
6	1. 管节前移到其中心到港池口中线,驻停,尾拖带缆1号、8号缆桩。 2. 管节绕中心逆时针转90°,使非GINA端朝港池口
7	在拖轮操控下,管节往港池口移动
8	管节通过港池口
9	1. 管节出港池口后,依靠拖轮控制管节在水流中的流速,适当调整前旁拖1、前旁拖2的受力角度。 2. 完成管节出港池操作

7.2.3.2 管节在航道上浮运

管节浮运过程控制要点如下：

①当管节在侧向水流作用下前进时，旁拖主要提供水流抵抗力，前拖提供管节前进动力，尾拖提供尾部系留拖力；必要时，调整前拖、尾拖与管节间的夹角，提供额外的侧向抵抗力。

②当管节平行于水流方向前进时，前拖提供管节前进动力并控制前进方向，尾拖提供尾部系留拖力，旁拖视实际情况提供前进动力或水流抵抗力并辅助控制前进方向。

③当管节长距离拖航时，可适当放长前拖、尾拖的拖缆长度。当拖轮编队转向时，缩短前拖、尾拖拖缆长度，根据水流情况及转向需求，调整各拖轮布置，完成管节转向作业。

管节沿航道浮运，共经历4次大转向。以E32管节为例，各次管节转向及拖轮编队操作见表7-4。

管节转向控制操作 表7-4

转向点	操作说明
X0	1. 高平潮前，管节在拖轮编队协助下移出港池口后，进入X0转向点，此时非GINA端在前，增大前拖、尾拖与管节纵轴线的夹角，在前旁拖1、前旁拖2协助下进行管节转向，2艘应急拖轮在附近待命。 2. 管节在拖轮编队协助下完成转向，前拖、尾拖沿管节纵轴线拉直，前旁拖1、前旁拖2缩小与管节纵轴线的夹角，即将进入航道，前拖、尾拖的拖缆可适当放长至100~120m。
X6	1. 落潮流情况下，管节顺流浮运，管节拖轮编队即将进入X6转向点时，缩短前拖、尾拖的拖缆长度至60~80m。 2. 管节首进入航道转弯放大区域，增大前拖、尾拖与管节纵轴线的夹角，增大前旁拖1、前旁拖2与管节纵轴线的夹角，逐渐调整管节航向。 3. 基本保持前述状态，控制管头、管尾轴线，沿转弯圆弧轴线逐步调整管节航向。 4. 管节尾部通过X6转角点，管节所受侧向水流力继续增大。前拖继续提供管节前拖力，控制管头轴线，尾拖控制管尾轴线，前旁拖1、前旁拖2协助控制管节轴线，抵抗水流。 5. 控制管头、管尾轴线，拖轮编队逐渐进入特种海洋装备航道。逐渐调整前拖、尾拖与管节纵轴线夹角，并适当放长拖缆长度。
X7	1. 低平潮情况下，管节拖轮编队即将进入X7转向点，缩短前拖、尾拖的拖缆长度至60~80m。 2. 管节进入回旋区，增大前拖、尾拖与管节纵轴线的夹角，增大前旁拖1、前旁拖2与管节纵轴线的夹角，开始管节逆时针回旋操作。 3. 拖轮编队基本保持前述状态，控制管头、管尾轴线，使管节在回旋区内逆时针回旋。 4. 管节回旋至与水流平行状态，此时GINA端在迎流侧，前拖、尾拖、尾旁拖1、尾旁拖2调整状态，管节位置主要依靠2艘旁拖保持。 5. 保持上述状态，管节回旋至基本对齐新建东航道（X7~X8段）轴线的位置。 6. 调整前拖、尾拖及旁拖与管节的夹角，控制管节轴线，拖带管节进入新建东航道（X7~X8段）。这种状态下，前旁拖2与管节的夹角放大至60°。
X8	1. 次低平潮前，拖轮编队进入X8转弯区域。前旁拖2与管节的夹角放大至60°。 2. 管节尾通过E21与E22接头处后，开始增大前旁拖2、尾拖1与管节纵轴线的夹角，减小前拖1、尾拖1与管节纵轴线的夹角；同时调整旁拖顶推/拖带沉放驳的旁拖工装架，拖轮编队协调，使管节向隧道轴线靠拢。 3. 上游前旁拖2移到下游并就位，与另一沉放驳靠在一起进行船舶工装，与前旁拖1一起抵抗管节横向力。 4. 管节在拖轮编队控制下，移至隧道轴线上，沿基槽上方浮运航道浮运至沉放点。

7.2.3.3 管节在候潮区系泊等待

在 X7 点除设置了直径 500m 的回旋区外,还利用现有水深条件设置了直径 600m 的候潮区。候潮区与回旋区不完全重合,候潮区圆心在回旋区范围外,位置坐标位为 $x = 145113.455$, $y = 239881.654$。在候潮区圆心处提前安装 170t 混凝土锚块,锚块顶部高程不高于 -14.0m,锚块上系留有长 55m 的 $\phi73$mm 锚链,在链的末端系 $\phi52$mm × 50m 钢丝绳,在钢丝绳与链端用 $\phi3.8$m × 2m 浮标托住。候潮区系泊系统布置如图 7-8 所示。

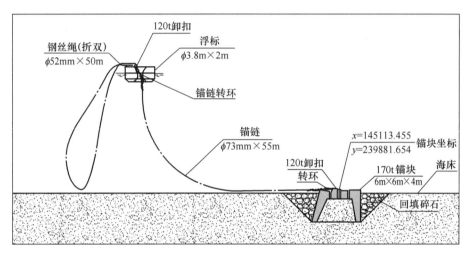

图 7-8 候潮区系泊系统布置图

拖轮编队进入 X7 点后,由警戒拖轮实测水流。当 X7~X9 段流速超过管节浮运窗口条件时,管节需在 X7 点候潮区临时等待;当预判该等待时间长于 1h 时,管节可临时系泊于布置在候潮区的锚块上,拖轮编队守候在管节旁待命。管节在候潮区临时系泊立面图如图 7-9 所示。

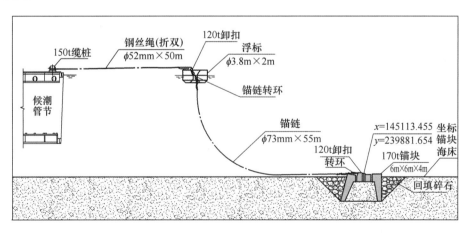

图 7-9 管节在候潮区临时系泊立面图

管节候潮区临时系泊操作见表7-5。

管节候潮区临时系泊操作 表7-5

步　骤	操作说明
1	拖轮编队即将抵达X7拐点,警戒拖轮在X7~X8段实测水流。当判断水流不满足穿越X7~X9航段条件,且候潮时间将长于1h时,拖轮编队将管节拖向候潮区
2	调整前拖2、尾拖1及背流侧旁拖与管节纵轴线的夹角,使管节航向顺时针偏转
3	管节航向偏转,指向候潮区锚块,拖轮拖带管节向锚块靠拢
4	警戒拖轮利用自身起升装置,将提前系泊、寄放在锚块上的系泊钢缆提出水面,带至管节非GINA端一侧的系缆柱,完成管节临时系泊

E32管节与东岛的对接面是岸段与水中段的分界线,暗埋段为堰筑施工段。对接面到子围堰的距离为约90m,暗埋段顶板顶面水深约9.5m。由于对接面两侧还残留部分钢管桩,虽周围开挖放坡,但为了确保管节安全进入安装区,采用绞车绞移牵引E32管节进入安装区比较合适。为此,在岸埋段上布置工程船(主尺度为61.5m×21.8m×5m,锚泊系统绞车的质量为25t,锚的质量为4.5t),工程船自身抛锚生根(锚抛在两侧海域),用工程船甲板面绞车将管节牵引到位。在牵引过程中,拖轮只提供抗水流力,前进动力由绞车提供。管节隧址系泊操作见表7-6。

管节隧址系泊操作 表7-6

步　骤	操作说明
1	1. 管节进入隧址后,沿着隧道轴线前进;上游拖轮的拖缆放长到100m,下游拖轮拖缆收到40m。避开系泊缆的定位标。 2. 距对接面约150m,布置在东岛上的两部绞车钢丝绳交叉连接于管头的两个系缆桩上;进入管节沉放区后,拖轮要根据水流系缆的锚头标的关系,适当避开锚头标,确保拖轮不缠绕锚标的小钢丝绳
2	1. 管节前进到距对接面约20m,开始接缆。 2. 先接横调缆S1,再接横调缆S2。 3. 前旁拖2过了锚块S2后,拖缆放长到100m
3	1. 横调缆S1、S2暂时不收紧,管节向逆水流方向平移。 2. 先接横调缆N2,再接横调缆N1
4	1. 在横调缆和拖轮协助下,管节回到沉管的中线。 2. 前旁拖1、前旁拖2、首拖1、首拖2解脱
5	上纵调缆,先连接N2-2和S2-2组成的纵调缆,再连接N1-2和S1-2组成的纵调缆
6	1. 管节前移到对接面前15m。进行轴线的调整,确保管节在1m范围内摆动。 2. 尾拖解缆,管节沉放系泊结束

7.2.3.4 管节回拖方案

管节舾装系泊区可供两节管节同时系泊。在管节离开其泊位至完成沉放对接前,其泊位不得被占用,以备管节回拖的情况。管节浮运启动后,当遭遇以下情况时,需考虑采取回拖措施:

①管节浮运航道上发生水上交通事故,有船只沉没或人员落水失踪。
②基槽突淤超限,管节无法沉放。
③管节沉放对接后,接头存在偏差,未能满足验评要求;经检查,基床局部出现高(低)点。
④其他原因导致管节浮运或沉放作业必须中止,且恢复时间过长,当前浮运沉放作业窗口期内无法解决。

根据回拖启动时管节所处位置,将回拖流程划分为4种情形:

①情形1:管节在浮运航道上浮运,未抵达X6点前,前拖作尾拖,尾拖作前拖,不掉头,原路返回造船基地港池内,仍系泊于原泊位。

②情形2:管节在浮运航道上浮运,已越过X6点但未抵达X7点,若管节当前位置至X7点航段畅通,则先将管节继续拖带至X7点掉头,再原路返回造船基地港池,仍系泊于原泊位;若管节当前位置至X7点航段受阻,则前拖作尾拖,尾拖作前拖,不掉头,原路返回造船基地港池内,仍系泊于原泊位。

③情形3:管节在浮运航道上浮运,已越过X7点,此时管节非GINA端朝西侧,GINA端朝东侧,则前拖作尾拖,尾拖作前拖,无须掉头,直接回拖至造船基地港池内,仍系泊于原泊位。

④情形4:管节在隧址已开始系泊,由于此时平潮期已过半,回拖时间不充裕,管节应继续在隧址系泊,等待至下一个平潮期前约1.5h,由拖轮编队接拖上缆,解除管节系泊缆绳,非GINA端朝西侧,GINA端朝东侧,沿原路回拖至造船基地港池内,仍系泊于原泊位。

管节回拖机制如图7-10所示。

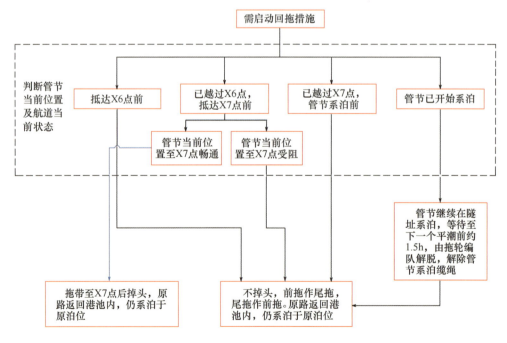

图7-10 管节回拖机制

7.3 拖航保障措施

7.3.1 沉管隧道施工综合定位系统

首先根据水下地形测量结果和管节尺寸设计运输通航航路、航行边线,将设计航道、航线计划边线、水下地形、碍航物、浮标等各种资料作为底图加载到导航界面,采用沉管隧道施工综合定位系统软件指导运输航行。在管节运输过程中,主要采用以下定位手段:

①拖船采用 GPS 罗经进行定位定向。

②管节采用 GPS-RTK 进行定位定向,INS(Inertial Navigation System,惯性导航系统)作为辅助,OCTANS 光纤罗经提供姿态数据。

管节定位设备安装示意图如图 7-11 所示。根据不同定位精度要求,在拖船上安装 GPS 罗经,实时采集各拖轮的位置、船艏向及航向信息;在管节上安装 GPS-RTK 和 INS 设备,接收卫星及 RTK 基站数据,获取厘米级精度管节位置及航向信息,通过首尾两台 GPS-RTK 天线计算管节艏向,通过 OCTANS 光纤罗经获取管节姿态数据。

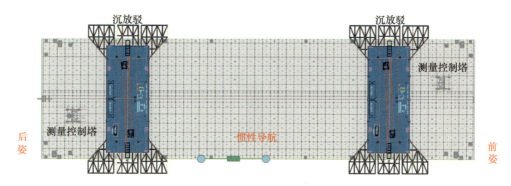

图 7-11 管节定位设备安装示意图

惯性导航设备可以在 GPS 卫星信号失锁时提供管节的实时位置,是 GPS-RTK 定位的补充和备份;OCTANS 光纤罗经是唯一通过 IMO 认证的测量级光纤陀螺罗经运动传感器,可以提供管节的艏向、横摇和纵摇数据,实时监测管节的姿态。

管节和所有拖船均安装无线网桥,建立施工局域网,用于管节和拖船位置、艏向、速度等信息的传输,如图 7-12 所示。

各拖船数据发送至管节导航定位工作站后,进行集中广播,使每条拖船及各个指挥控制单元均可接收其他作业船舶的位置、航向等信息。

管节及拖轮浮运定位监测信息通过系统显示。图 7-13 为南昌红谷隧道项目沉管管节浮运定位系统监控界面。该系统具备地形显示功能、各拖轮实时定位功能、管节航速、管节首尾偏离航向显示和报警功能等。

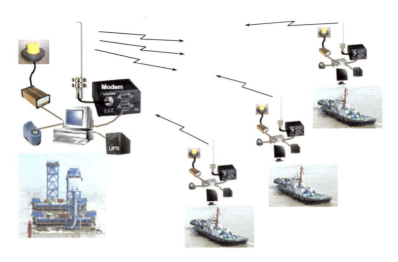

图 7-12　多船通信示意图

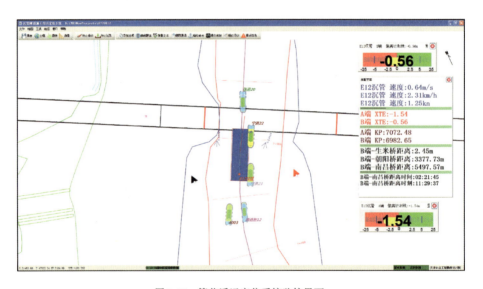

图 7-13　管节浮运定位系统监控界面

7.3.2　管节浮运导航定位作业

管节浮运导航定位作业主要包括控制网复测、设备安装调试、数据通信测试、浮运导航定位等，具体作业流程如图 7-14 所示。

实际施工中，实施细则如下：

1）拖轮定位

管节浮运开始前，在拖船上安装 GPS 罗经，并使用全站仪对 GPS 罗经进行船艏向校准，将校准数据输入导航软件中。

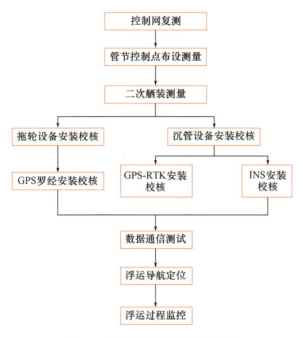

图 7-14 管节浮运导航定位作业流程

使用全站仪或 GPS-RTK 测量船舶形状、GPS 天线位置、拖缆点位置等关键点相对关系,并绘制拖船船型,输入系统。

将设计航道、航线计划边线、水下地形等各种资料作为底图加载到导航软件中;根据管节浮运施工方案,绘制各拖轮的浮运设计路由,输入导航软件,指导拖轮进行浮拖作业。

浮运过程中,实时显示本船位置、速度、艏向、航向、偏移设计航路距离等关键性数据。同时,根据现场指挥要求,可将拖缆长度、其他拖轮及管节位置、距离等信息加载到导航界面,为浮运过程中拖轮行进提供数据支持。

2)管节浮运定位监控

管节浮运开始前,在陆上已知控制点架设 GPS-RTK 基准站。

在管节前后安装 GPS-RTK 移动站,使用全站仪测量管节各角点坐标及 GPS-RTK 移动站天线坐标,绘制管节形状,计算 GPS-RTK 移动站偏移,输入导航软件。

在管节上安装光纤罗经,使用全站仪校准光纤罗经的艏向安装误差。

在管节上安装 INS 设备,量取天线偏移,使用全站仪校准 INS 艏向安装误差,输入导航软件备用。

将设计航道、航线计划边线、水下地形等各种资料作为底图加载到导航软件中;根据管节浮运施工方案,绘制管节的浮运设计路由,输入导航软件,指导管节浮运作业。

在浮运过程中,主要采用艏艉 GPS-RTK 移动站数据进行管节定位、定向。实时显示管节位置、速度、船艏向、航向、偏移设计航路距离等关键性数据。同时,根据现场指挥要求,可显示各拖轮拖缆长度以及拖船位置,为浮运过程中的拖轮指挥提供数据支持。

7.4 "黄船030"重载演练

深中通道沉管隧道 S08 合同段 E23~E32 管节在龙穴岛港池内完成二次舾装后,由拖轮编队拖带,沿浮运航道浮运至隧址并进行管节系泊的施工。管节浮运作业的难点主要有:管节吃水较深,排水量及惯性较大,较难把控;浮运航道操作空间余量较小,浮运期间需要多次调整拖轮布置及拖航姿态,作业难度较大;浮运作业需要众多拖轮协调配合,拖轮之间的配合及现场协调指挥要求较高;作业水域日常交通繁忙,航道通航情况复杂,对浮运现场通航保障要求极高。

在进行正式的管节浮运作业前,拟用半潜驳"黄船030"进行一次浮运演练,演练的目的主要有:熟悉管节浮运作业的流程和作业环节;验证浮运作业相关监控系统的有效性;完善拖轮编队的指挥体系;建立同海事、港口航道相关单位及部门的沟通协调机制;发现并解决演练作业中出现的问题。

7.4.1 演练部署

"黄船030"重载演练的流程为将演练驳船压至重载状态,由拖轮在港池内接拖,沿造船基地支航道抵达42号灯浮,进行顺流拖带演练;穿越伶仃航道,从41号灯浮进入管节浮运航道,进行 X6~X7 段浮运;抵达掉头区,进行掉头演练;穿越矾石水道进入新建东航道,在新建东航道进行横流浮运演练;抵达返航点后原路返航,模拟管节回拖。

7.4.1.1 演练驳船

拟用半潜驳"黄船030"作为浮运演练驳船。演练时,"黄船030"压载至7.3m吃水,整船排水量约为65000t,同非标准管节浮运作业时的排水量较为接近。"黄船030"船舶参数见表7-7。

"黄船030"船舶参数   表7-7

类 目	参 数	类 目	参 数
船长	161.6m	拖航吃水	<7.3m
型宽	56.0m	最大沉深(至基线)	16.8m
型深(至承载甲板)	8.8m	艏塔楼间横向间距	36.4m
艏塔楼长	51.2m	艉塔楼间横向间距	46.2m
艏塔楼宽	4.2m	主柴油发电机功率	3×500kW
艉塔楼长	12.0m	压载水泵换水流量	4×2500m³/h
艉塔楼宽	4.9m	扫舱泵换水流量	2×220m³/h
塔楼高(承载甲板至顶甲板)	16.4m		

7.4.1.2 人员配置

演练作业人员配置见表7-8,未计大马力港作拖轮船员人数。

人员资源配置　　　　表7-8

职位	人数	备注	职位	人数	备注
管节浮运安装与基础铺设工区经理	1	—	安全员	1	—
管节浮运作业总指挥	1	—	警戒拖轮船员	8	—
管节浮运作业拖轮编队总船长	1	—	管节顶面操作工	14	其中,8人负责管节系泊
管节浮运定位测量工程师	6	其中,1人负责远程显示	机电工	4	—
海流监测员	4	—	焊工	1	—
工程师	2	—	后勤综合	4	—

7.4.1.3 机械、设备、仪器配置

浮运演练作业拟投入的最低机械、设备、仪器配置见表7-9。

机械、设备、仪器配置　　　　表7-9

机械/设备/仪器名称	规格	单位	数量	备注
演练驳船	—	艘	1	"黄船030"
港作拖轮	6000HP	艘	1	—
港作拖轮	5000HP	艘	5	—
港作拖轮	4000HP	艘	2	—
警戒拖轮	1000HP	艘	2	兼作锚艇、海流测量船
GPS罗经	—	台	10	—
GPS-RTK	Trimble R6	台	2	—
DGPS	—	台	1	—
OCTANS光纤罗经	—	台	1	—
倾斜仪	—	台	2	—
惯性导航系统	—	台	1	—
海流监测装备	—	套	1	—
对讲机	—	套	30	—

7.4.1.4 工期计划

工期计划见表7-10。

工 期 计 划　　　　　　　表 7-10

序 号	项 目	时间(h)	备 注
1	前期准备	1.0	出运
2	浮运抵达 X7 终点	9.0	
3	回拖作业	10.5	回拖
4	进港靠泊	1.0	
合计		21.5	航道上用时 19.5h

7.4.2 演练内容

"黄船030"重载演练作业前7d向海事部门提出申请,由海事部门根据规定发布航行警(通)告。"黄船030"从港池内舾装系泊区浮运至隧址的具体流程如图7-15所示。

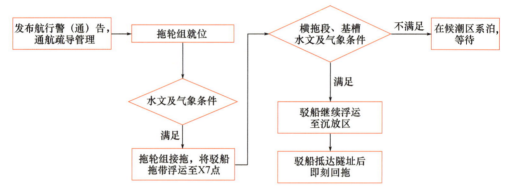

图 7-15　演练浮运流程

7.4.2.1 拖轮布置

参照管节浮运作业的要求,演练作业拟配置8艘全回转拖轮。其中,一艘前拖负责导向拖拽,一艘尾拖根据水流条件辅助拖航,控制管节姿态、浮运速度并实现管节转向,中间四艘旁拖辅助管节的航向稳定及拖曳,另配置两艘应急拖。拖轮配置方案见表7-11(具体以拖轮实际系柱拖力选择拖轮)。演练作业拖轮配置平面图如图7-16所示。

拖 轮 配 置 方 案　　　　　　　表 7-11

船 名	角色	功率(HP)	系柱拖力(kN)
"海港拖3"	前拖	6000	720
"东莞拖09"、"东莞拖11"	前旁拖	5000	600
"穗港23"、"穗港26"	尾旁拖	5200	600
"广船拖2"	尾拖	5200	600
"龙拖10"、"穗港21"或"穗港22"	应急拖	5000	600

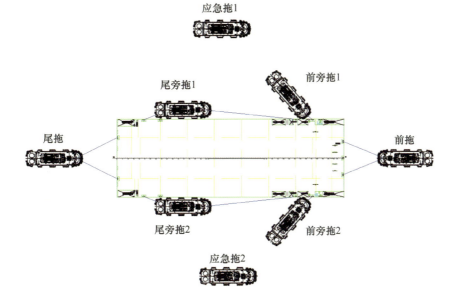

图 7-16 演练作业拖轮配置平面图

7.4.2.2 接拖出港

接拖出港作业步骤见表 7-12。

接拖出港作业步骤　　　　　　　　　　表 7-12

步骤	示　意　图	操作说明
1		1. "黄船 030" 在港池内压载至拖航吃水。 2. 拖轮按照演练方案的拖带布置就位,在拖轮操控下,"黄船 030" 往港池口移动。 3. 出港作业时,前拖拖缆长度不宜过长。 注:出港作业拟选在高平潮前后 1h 内进行

145

续上表

步骤	示 意 图	操作说明
2	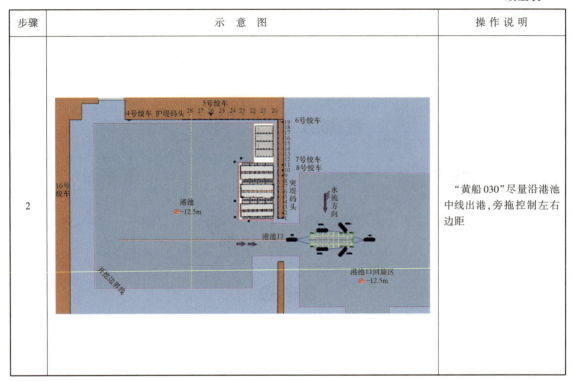	"黄船030"尽量沿港池中线出港,旁拖控制左右边距

接拖出港作业难点及风险如下:

①港池口狭小,拖轮操作空间非常有限,管节中心同港池口中心不能有较大偏差,管节朝向必须与港池口垂直。

②管节吃水较深,极易受水流影响,在出港池的过程中管节容易受横流影响,有可能还未完全出港池口就发生偏转。

③港池口经常有船厂大船停靠,进一步减小了拖轮操作的空间。

7.4.2.3 驳船浮运

驳船浮运过程的控制要点如下:

①当驳船在侧向水流作用下前进时,旁拖主要提供拖力抵抗水流力,前拖提供驳船前进动力,尾拖提供尾部系留拖力;必要时,调整前拖、尾拖与驳船间的夹角,提供额外的侧向抵抗力。

②当驳船平行于水流方向前进时,前拖提供驳船前进动力并控制前进方向,尾拖提供尾部系留拖力,旁拖视实际情况提供前进动力或水流抵抗力并辅助控制前进方向。

③当驳船长距离拖航时,可适当放长前拖、尾拖的拖缆。当拖轮编队转向时,缩短前拖、尾拖拖缆长度,根据水流情况及转向需求,调整各拖轮布置,完成驳船转向作业。

驳船沿航道浮运,共经历3次大转向,各次转向的控制操作见表7-13。

第7章 管节拖航示范应用

驳船转向控制操作　　　　　　　　　　　　　　　　　　　表 7-13

转向点	示意图	操作说明
X0	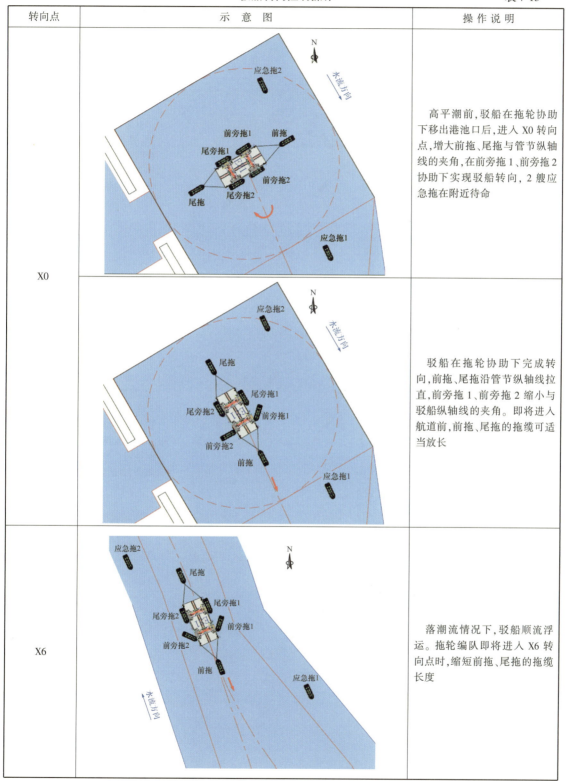	高平潮前,驳船在拖轮协助下移出港池口后,进入 X0 转向点,增大前拖、尾拖与管节纵轴线的夹角,在前旁拖1、前旁拖2协助下实现驳船转向,2 艘应急拖在附近待命
		驳船在拖轮协助下完成转向,前拖、尾拖沿管节纵轴线拉直,前旁拖1、前旁拖2 缩小与驳船纵轴线的夹角。即将进入航道前,前拖、尾拖的拖缆可适当放长
X6		落潮流情况下,驳船顺流浮运。拖轮编队即将进入 X6 转向点时,缩短前拖、尾拖的拖缆长度

续上表

转向点	示意图	操作说明
X6	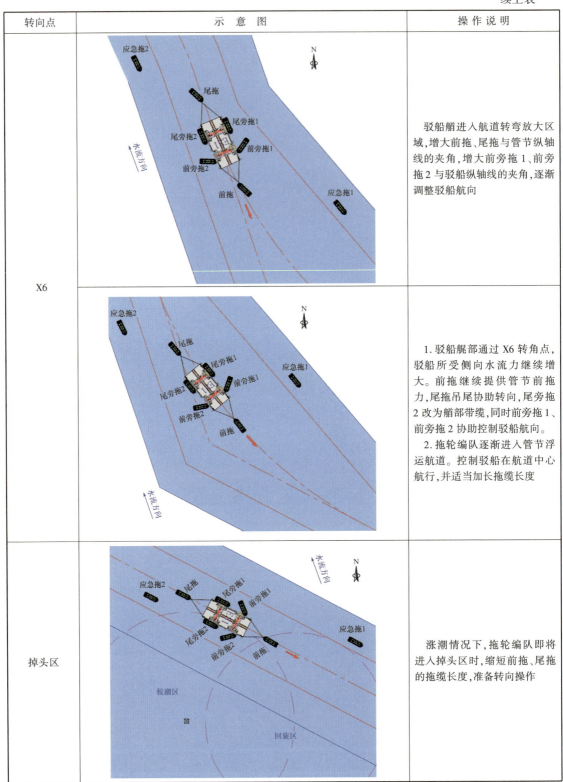	驳船艏进入航道转弯放大区域,增大前拖、尾拖与管节纵轴线的夹角,增大前旁拖1、前旁拖2与驳船纵轴线的夹角,逐渐调整驳船航向
X6		1. 驳船艉部通过X6转角点,驳船所受侧向水流力继续增大。前拖继续提供管节前拖力,尾拖吊尾协助转向,尾旁拖2改为艏部带缆,同时前旁拖1、前旁拖2协助控制驳船航向。 2. 拖轮编队逐渐进入管节浮运航道。控制驳船在航道中心航行,并适当加长拖缆长度
掉头区		涨潮情况下,拖轮编队即将进入掉头区时,缩短前拖、尾拖的拖缆长度,准备转向操作

续上表

转向点	示意图	操作说明
		驳船进入回旋区,增大前拖、尾拖与驳船纵轴线的夹角,增大前旁拖1、前旁拖2与管节纵轴线的夹角,开始驳船逆水流方向回旋操作
掉头区		拖轮编队基本保持前述状态,使驳船在回旋区内逆水流方向回旋
		驳船回旋至与水流平行状态,此时前拖、尾拖、前旁拖1、尾旁拖1、尾旁拖2调整拖带布置

续上表

转向点	示意图	操作说明
X7	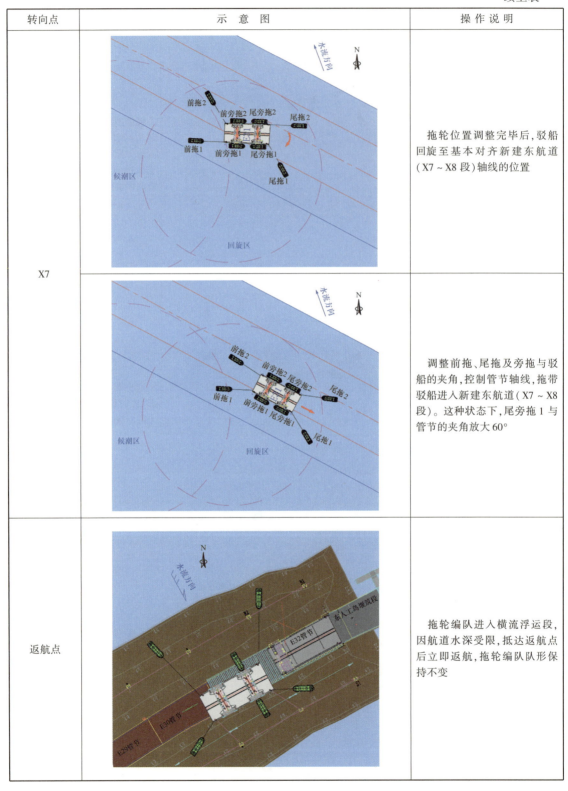	拖轮位置调整完毕后,驳船回旋至基本对齐新建东航道(X7~X8段)轴线的位置
		调整前拖、尾拖及旁拖与驳船的夹角,控制管节轴线,拖带驳船进入新建东航道(X7~X8段)。这种状态下,尾旁拖1与管节的夹角放大60°
返航点		拖轮编队进入横流浮运段,因航道水深受限,抵达返航点后立即返航,拖轮编队队形保持不变

驳船浮运作业难点及风险如下：

①按照以往的拖带经验，X0～X6航段沿途经常有大型船舶停靠，挤占了拖轮编队的安全操作空间；航道边也常有施工挖泥船抛锚，其锚标经常抛在航道内。

②拖轮编队需要在X6点横穿主航道，拖轮编队抵达X6点后，航道上可能仍有船舶未在规定时间内离开管制水域，造成拖轮编队被迫在X6点等待。

③掉头区掉头作业时，拖轮编队在转向的过程中易受水流影响，且被拖物惯性较大，转向操作不易受控，这些因素都容易引起货物搁浅的情况发生。

④X7点至返航点航段长约0.5n mile，被拖物处于完全横流状态，受横流影响大，搁浅风险高。

7.4.2.4 驳船在候潮区抛锚等待

在掉头区除设置了直径500m的回旋区外，还利用现有水深条件设置了直径600m的候潮区。候潮区系泊系统布置如图7-17所示。

图7-17 候潮区系泊系统布置图

拖轮编队进入候潮区后，由警戒拖轮实测水流，当X7～X8段流速超过浮运窗口条件时，驳船需在候潮区临时等待。当预判该等待时间长于1h时，由决策小组判断是否在候潮区抛锚等待。

7.4.2.5 驳船回拖

驳船到达返航点后准备返航，拖轮按照来时的编队形式进行部署，拖带"黄船030"原路返航，模拟管节回拖的工况。驳船回拖阶段拖轮配置方案见表7-14。驳船回拖阶段拖轮配置平面图如图7-18所示。

驳船回拖阶段拖轮配置方案　　　　　　　　表 7-14

船　　名	角色	功率（HP）	系柱拖力（kN）
"海港拖 3"	前拖	6000	720
"东莞拖 09"，"东莞拖 11"	前旁拖	5000	600
"穗港 23"，"穗港 26"	尾旁拖	5200	600
"广船拖 2"	尾拖	5200	600
"穗港 21"，"穗港 22"	应急拖	5000	600

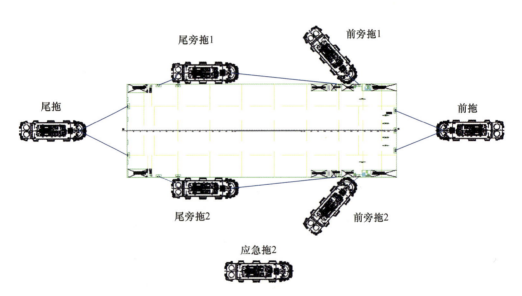

图 7-18　驳船回拖阶段拖轮配置平面图

7.4.2.6　演练作业时间安排

演练作业时间确定为 2021 年 4 月 28—29 日，管节从龙穴港池口浮运至返航点作业时间安排如图 7-19 所示。

7.4.3　现场演练

本次"黄船 030"演练作业计划出港时间为 04：00—05：00，用时 1h。实际出港作业时间为 03：30—05：30，用时 2h。出港作业安全可控，但在时间把控上需要进一步改进。

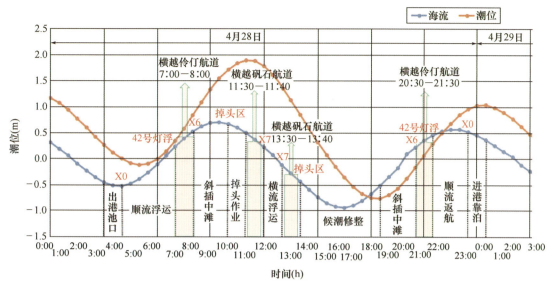

图 7-19 演练作业时间安排

"黄船030"出港池作业现场见图7-20。

图 7-20 "黄船030"出港池作业现场

改进建议:一是管节出运前需要预留充足的准备时间;二是要做好同港池口有关船厂的沟通协调,出港期间港池口停靠船舶不得超过两档且不得凸出港池口端部,保证港池内无碍航船舶。

从港池口至广州港41号灯浮顺航道浮运航程为6.8n mile,拖航期间顶风顶流,计划拖航时间为05:00—08:30,用时3.5h,实际作业时间为05:30—09:00,作业时长与计划相当,起拖时间因出港时间推迟0.5h而顺延。因出港作业选在低平潮,出港作业的推迟使得拖航期间顶流流速比预想要大,致使船组未能按预定时间抵达第一个航道管制点(NG2灯浮)。在管制航

153

段内拖带期间,主拖轮通过调整缆绳长度(由 50m 调整至 100m)尝试提高拖航速度,但没有明显改善。由此,基本上确认拖轮倒拖时,拖缆长度对拖航速度的提高没有作用。该航段预估通航时间较为合理,拖航作业整体平顺,航迹线基本可以控制在航道中线左右 20m 以内,拖轮布置合理,对被拖物的把控平稳,可作为后续正式管节拖轮编队的形式。

"黄船 030"顺航道浮运现场见图 7-21。

图 7-21 "黄船 030"顺航道浮运现场

改进建议:出港作业窗口宜选在高平潮,顺流出运能确保进入管制航道的时间节点可控。在该航段上,有一段时间因供电系统停电导致导航系统失效,建议增加导航系统应急供电。

横越航道演练期间,拖航路线同伶仃航道及矾石水道都有重叠。演练前同港航部门、海事相关单位进行了充分的沟通及论证,确定了通航管制水域的范围及要求。拖航期间,除了一开始进入管制航道的节点晚了 1h 外,其他情况下都能够按时进入管制航道,且占用航道时长均未超出计划时长。在进入管制航道前,同交管中心进行了充分的沟通协调,分别提前 1h、0.5h、10min 了解航道上其他船舶的通航情况及进入管制航道的时间节点,在获得同意后才进入管制航道。在管制航道航行期间,拖轮编队能确保航速,在规定的时间内快速通过,最大限度减轻演练作业对其他船舶通航的影响。

改进建议:合理制订作业计划,保证进入管制航道的作业节点,进入管制航道后在确保安全的前提下尽可能快速通过,减轻对水域交通的影响。

斜插中滩浮运期间,航段从 41 号灯浮至掉头区总航程为 3.2n mile,该航段横风、横流。计划拖航时间为 08:30—10:30,用时 2h;实际作业时间为 09:00—10:30,用时 1.5h。该航段拖航作业较为顺利,虽受横风横流,但拖轮协调性良好,被拖物位置基本能维持在航道中线上。从广州港 41 号灯浮转向进入管节浮运航道时,艏向出现大幅度摇摆,航向把握不是很稳定。

"黄船 030"斜插中滩浮运现场见图 7-22。

第7章 管节拖航示范应用

图 7-22 "黄船 030"斜插中滩浮运现场

改进建议：转向作业时逐步修正航向，优化拖轮问题作业方式，避免用大型拖轮。优化升级导助航系统，增加能反映转向角速度变化的参数界面。

拖轮编队抵达掉头区后需要掉头，并重新调整拖轮布置。掉头作业计划用时 1h，实际作业用时仅 0.5h，作业过程较为顺利。作业期间，拖轮编队逆水流方向掉头，从横流状态调整至顶流状态，随后首、尾拖轮调整拖缆布置，另外两条拖轮也在首尾带缆，待拖轮调整到位后再转入航道继续拖航。根据实时预报的流向情况，掉头作业顶流进行，较预想顺利，整体回旋平顺稳定，拖轮接拖、解拖快速可控。旁拖在掉头过程中不换拖，极大缩短了掉头作业的时间，同时增强了作业的安全性。后续正式管节掉头作业沿用该拖轮调整方式，同时作业时间仍计划保持 1h，以保证穿越矾石水道时间留有富余。

横流浮运期间，拖轮编队从掉头区出来后，按照新的拖轮编队形式横穿矾石水道，并进行了一小段的横流浮运拖航。调整编队后，刚开始航向及船位把控不是很稳定，经过一段时间的适应后，拖轮编队的整体协调性有了很大提高，被拖物基本能控制在浮运航道中线上。拖轮编队抵达返航点后沿原路返航，在进行小角度转向时出现航向把定不稳的情况；此外，被拖物首尾向互换，导致船组存在短暂适应期，偏离航道中线幅度较大。经一段时间适应后，后续拖航又恢复正常。

改进建议：转向作业时逐步修正航向，优化拖轮作业方式，避免用大型拖轮。导航系统增加能反映转向角速度变化的参数。

7.5 E32 管节浮运演练

深中通道沉管隧道 S08 合同段沉管隧道管节浮运作业需要众多拖轮协调配合，对拖轮之间的配合及现场协调指挥要求较高；作业水域日常交通繁忙，航道通航情况复杂，对浮运现场通航保障要求极高。拟用 E32 管节进行一次浮运演练,演练的目的主要是熟悉管节浮运作业的流程和作业环节;验证浮运作业相关监控系统的有效性;完善拖轮编队的指挥体系;建立同海事、港口航道相关单位及部门的沟通协调机制;验证沉放驳与管节的连接稳定性;验证拖轮顶推架对管节控制的有效性;发现并解决演练作业中出现的问题。

7.5.1 演练部署

E32 管节浮运演练的流程为:E32 管节准备就绪→拖轮在港池内接拖→管节出港池口→在港池口回旋区进行掉头和隧址系泊演练→沿造船基地支航道抵达广州港 NG2 灯浮,进行顺流拖带演练→前拖作尾拖,尾拖作前拖,原路返航,进行管节回拖演练。

7.5.1.1 演练管节参数

E32 管节参数见表 7-15。

E32 管节参数 表 7-15

管节类别	长(m)	宽(m)	高(m)	二次舾装后排水量(t)	管节浮运吃水(m^2)
非标准管节	123.8	55.46/53.5	10.6	68350	10.23

7.5.1.2 人员配置

演练作业人员配置见表 7-16,未计入大马力港作拖轮船员人数。

演练作业人员配置 表 7-16

职 位	人 数	职 位	人 数
演练总指挥	1	测量人员	6
拖轮指挥	5	工程师	4
项目经理	1	机电工	4
项目总工	1	焊工	1
项目副经理/副总工	2	管节顶面操作工	14
安全总监	1	驾驶员	1
项目部部长	4	其他	3

7.5.1.3 机械、设备、仪器配置

演练作业拟投入的最低机械、设备、仪器配置见表 7-17。

演练作业拟投入最低机械设备仪器配置　　　　　　　　表 7-17

机械/设备/仪器名称	规　格	单　位	数　量
拖轮	6000HP	艘	1
拖轮	5200HP	艘	3
拖轮	5000HP	艘	4
清障船	—	艘	3
作业母船	—	艘	1
抛锚艇	—	艘	1
交通艇	1000HP	艘	1
200kN绞车	200kN	台	6
高强尼龙缆	—	m	1200
钢丝绳	—	m	6000

7.5.1.4 演练工期计划

演练工期计划见表7-18。

演　练　工　期　计　划　　　　　　　　表 7-18

序号	项　目	时间(h)	备　注
1	管节绞移	8	港池
2	出港池准备	4	出运
3	港池口演练	2	出运
4	航道浮运,抵达返航点	2	出运
5	回拖作业	2	回拖
6	进港靠泊	4	回拖
7	管节绞移到系泊位	8	港池
合计		30	拖航作业用时14h

7.5.2 演练内容

演练作业前7d,向海事部门提出申请,由海事有关部门根据有关规定发布航行警(通)告。参照管节浮运作业的要求,演练作业拟配置8艘全回转拖轮。一艘前拖负责导向拖拽。一艘尾拖根据水流条件辅助拖航,控制管节姿态、浮运速度并实现管节转向。中间四艘旁拖用于辅助管节的航向稳定及拖曳。另配置两艘应急拖。演练作业拖轮配置平面图如图7-23所示。

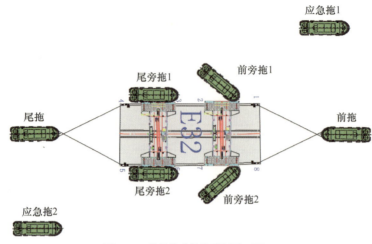

图 7-23 演练作业拖轮配置平面图

7.5.2.1 沉放驳及旁拖工装架

管节浮运时,沉放驳搁置在管顶。沉放驳吊码与管节吊点连接、收紧。为确保管节浮运时旁拖可更加充分地发挥效力以控制管节偏航值,在沉放驳艏端、艉端安装突出管节两侧的旁拖工装架作为旁拖的顶推、拖带点,供旁拖顶推、拖带用,避免损伤管节钢壳及钢壳面的牺牲阳极块。旁拖工装架顶推面间距(管节横向)为 56.6m,大于管节最宽处(含牺牲阳极块)的宽度,有效宽度为 29.86m,可供最多 2 艘 5000HP 港作拖轮同时顶推。沉放驳与吊点间通过限位装置连接,使拖轮作用在沉放驳上的作用力可传递至管节结构上,如图 7-24、图 7-25 所示。沉放驳支墩底设橡胶垫,防止支墩损坏管节钢壳面防腐涂层。沉放驳限位装置立面图、平面图分别如图 7-26、图 7-27 所示。

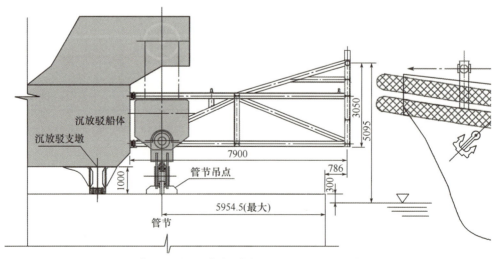

图 7-24 管节、沉放驳及旁拖工装架相对位置关系(尺寸单位:mm)

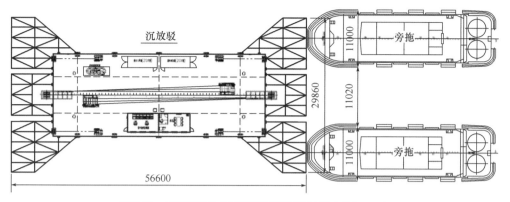

图 7-25　沉放驳及旁拖工装架平面布置图(尺寸单位:mm)

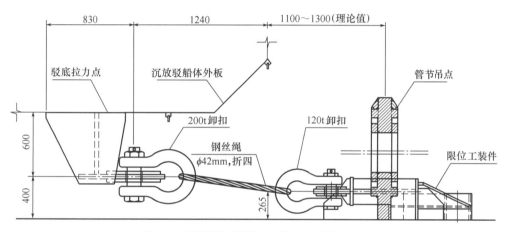

图 7-26　沉放驳限位装置立面图(尺寸单位:mm)

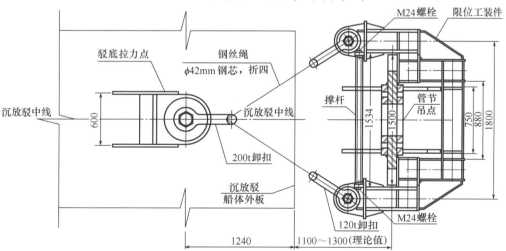

图 7-27　沉放驳限位装置平面图(尺寸单位:mm)

7.5.2.2　沉管出港池

管节出港池演练是演练从拖轮开始接拖到管节被拖轮编队拖带到港池口回旋区的过程，主要演练出港池口各拖轮作业的协同性。管节出港池作业步骤见表 7-19。

管节出港池作业步骤 表7-19

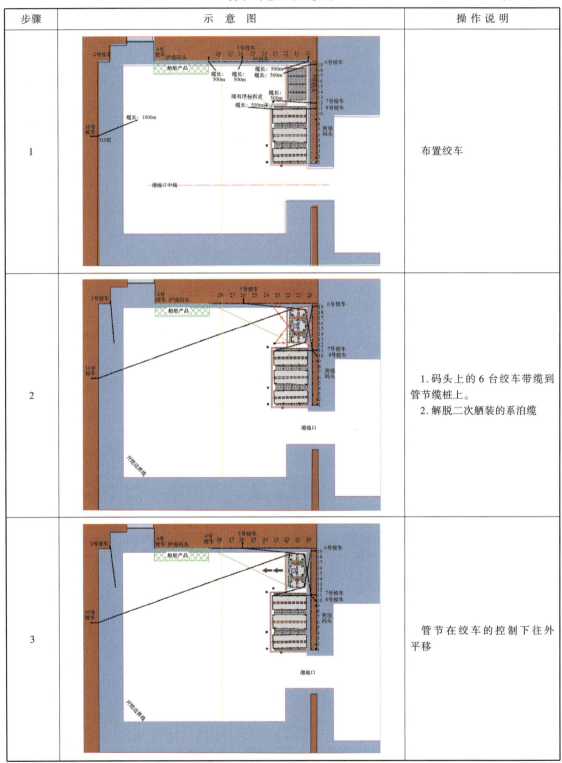

步骤	示意图	操作说明
1		布置绞车
2		1.码头上的6台绞车带缆到管节缆桩上。 2.解脱二次舾装的系泊缆
3		管节在绞车的控制下往外平移

第7章 管节拖航示范应用

续上表

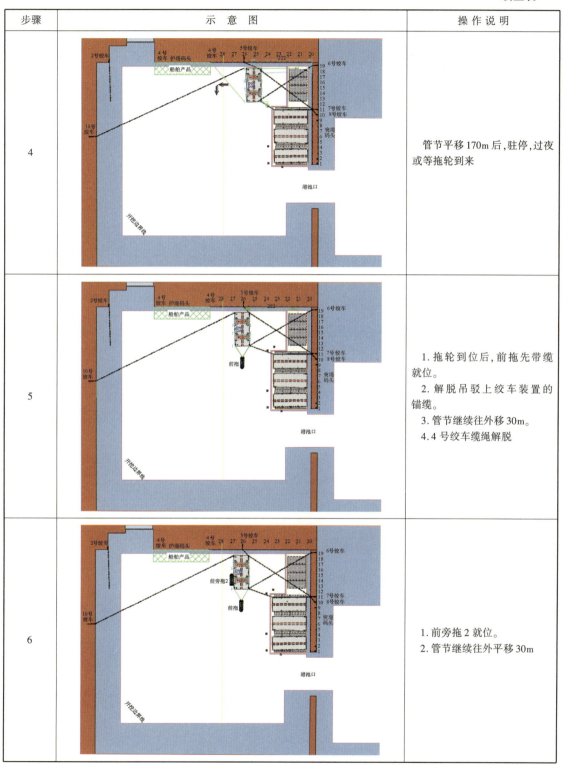

步骤	示　意　图	操作说明
4		管节平移170m后,驻停,过夜或等拖轮到来
5		1.拖轮到位后,前拖先带缆就位。 2.解脱吊驳上绞车装置的锚缆。 3.管节继续往外移30m。 4.4号绞车缆绳解脱
6		1.前旁拖2就位。 2.管节继续往外平移30m

161

续上表

步骤	示 意 图	操 作 说 明
7	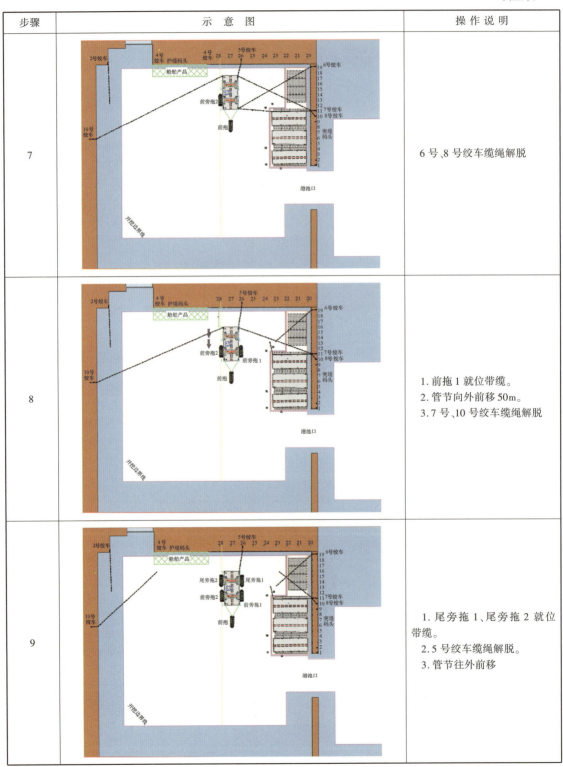	6号、8号绞车缆绳解脱
8		1. 前拖1就位带缆。 2. 管节向外前移50m。 3. 7号、10号绞车缆绳解脱
9		1. 尾旁拖1、尾旁拖2就位带缆。 2. 5号绞车缆绳解脱。 3. 管节往外前移

续上表

步骤	示意图	操作说明
10	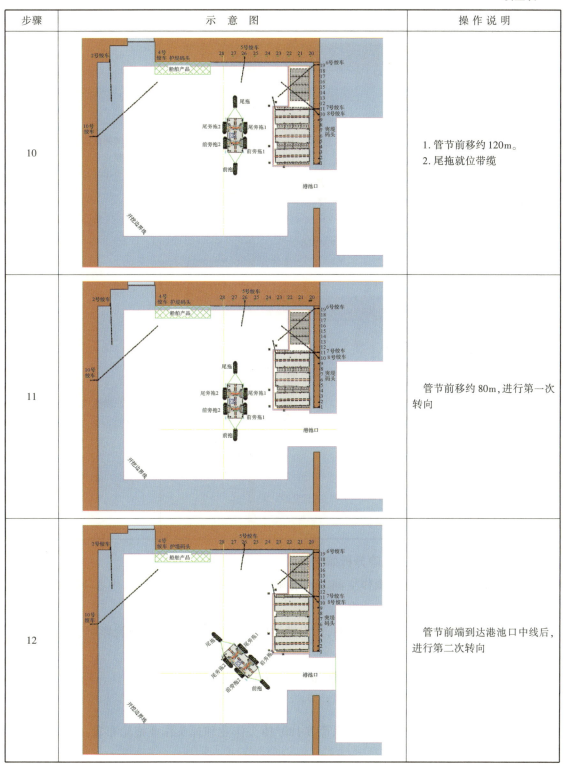	1. 管节前移约120m。 2. 尾拖就位带缆
11		管节前移约80m，进行第一次转向
12		管节前端到达港池口中线后，进行第二次转向

163

续上表

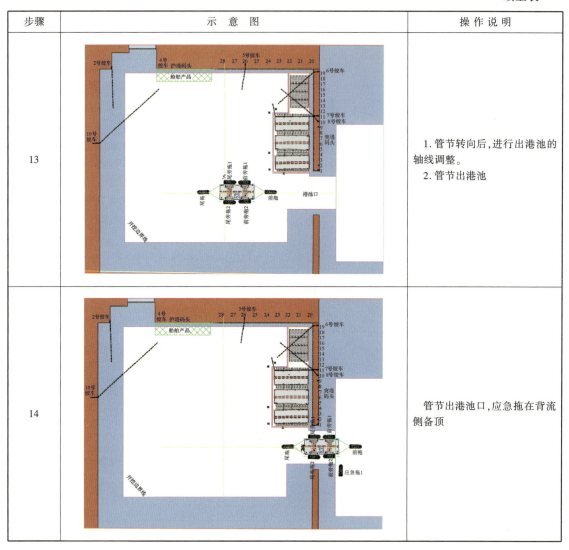

管节出港池作业难点及风险分析如下：

①龙穴港池口狭小，拖轮操作空间非常有限，管节中心同龙穴港池口中心不能有较大偏差，管节朝向必须同龙穴港池口垂直。

②管节吃水较深，极易受水流影响，在出港池的过程中管节容易受横流影响，有可能还未完全出龙穴港池口就发生偏转。

③龙穴港池口经常有船厂大船停靠，进一步减小了拖轮操作的空间。

7.5.2.3 管节掉头

在龙穴港池口模拟掉头，主要演练管节180°掉头作业和掉头作业拖轮布置。管节掉头作业步骤见表7-20。

管节掉头作业步骤   表 7-20

步骤	示 意 图	操作说明
1		出港池口后,在港池口回旋区演练掉头操作,逆时针 180°掉头
2		先转向 90°,管节驻停,转换拖轮编队
3		前拖解开与管节的缆绳,尾拖解开与管节深圳端左侧的缆绳

续上表

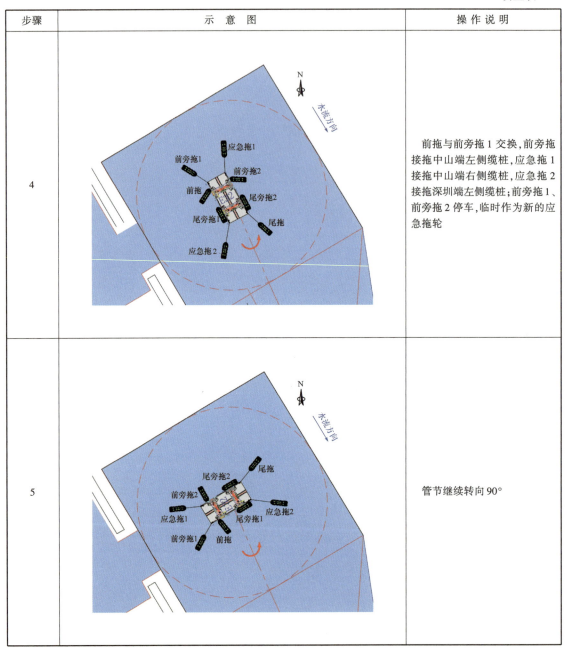

步骤	示意图	操作说明
4		前拖与前旁拖1交换,前旁拖接拖中山端左侧缆桩,应急拖1接拖中山端右侧缆桩,应急拖2接拖深圳端左侧缆桩;前旁拖1、前旁拖2停车,临时作为新的应急拖轮
5		管节继续转向90°

管节掉头的作业难点及风险分析如下:船组在转向的过程中易受水流影响,且被拖物惯性较大,转向操作不易受控,这些因素都容易引起货物搁浅的情况发生。

7.5.2.4 管节横拖

管节横拖演练是指在龙穴港池口模拟管节横拖,主要演练管节横拖状态下拖轮作业的协同性。管节横拖作业步骤见表7-21。

管节横拖作业步骤　　　　　　　　　　　　　　　　　表 7-21

步骤	示意图	操作说明
1		在拖轮编队作业下，管节往远离港池口的方向移动
2		到达回旋区边缘后，管节驻停，在拖轮编队作用下反向，往港池口方向移动
3		到达回旋区边缘后，管节驻停，在拖轮编队作用下再次反向，往港池口反方向移动

续上表

步骤	示 意 图	操 作 说 明
4	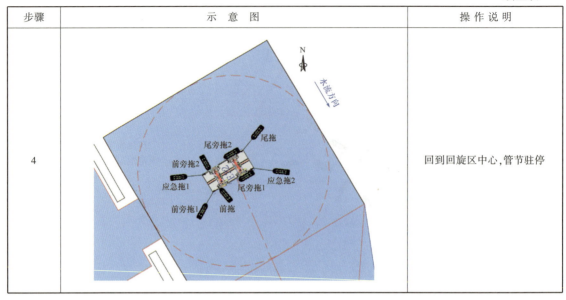	回到回旋区中心,管节驻停

7.5.2.5 隧址系泊

隧址系泊演练是演练管节正式作业时在隧址进行系泊的操作,其作业步骤见表7-22。

隧址系泊作业步骤 表7-22

转向点	示 意 图	操 作 说 明
龙穴港池口	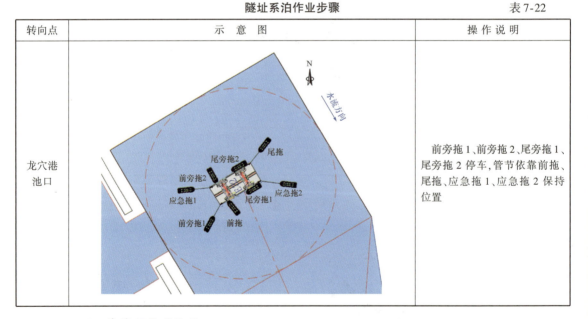	前旁拖1、前旁拖2、尾旁拖1、尾旁拖2停车,管节依靠前拖、尾拖、应急拖1、应急拖2保持位置

7.5.2.6 管节顺航道拖航

管节顺航道拖航演练的是从港池口转向到抵达伶仃航道西侧的42号灯浮的过程,主要演练拖轮布置有效性、管节位置及航速把控。管节浮运过程控制要点如下:

①当管节在侧向水流作用下前进时:旁拖主要提供拖力以抵抗水流力,前拖提供前进动力,尾拖提供尾部系留拖力;必要时,调整前拖、尾拖与管节间的夹角,提供额外的侧向抵抗力。

②当管节平行于水流方向前进时:前拖提供前进动力并控制前进方向,尾拖提供尾部系留拖力,旁拖视实际情况提供前进动力或水流抵抗力并辅助控制前进方向。

③当管节长距离拖航时,可适当加长前拖、尾拖的拖缆长度。当拖轮编队转向时,缩短前拖、尾拖拖缆长度,根据水流情况及转向需求,调整各拖轮布置,完成管节转向作业。管节顺航道拖航作业步骤见表7-23。

管节顺航道拖航作业步骤　　　　　　　表7-23

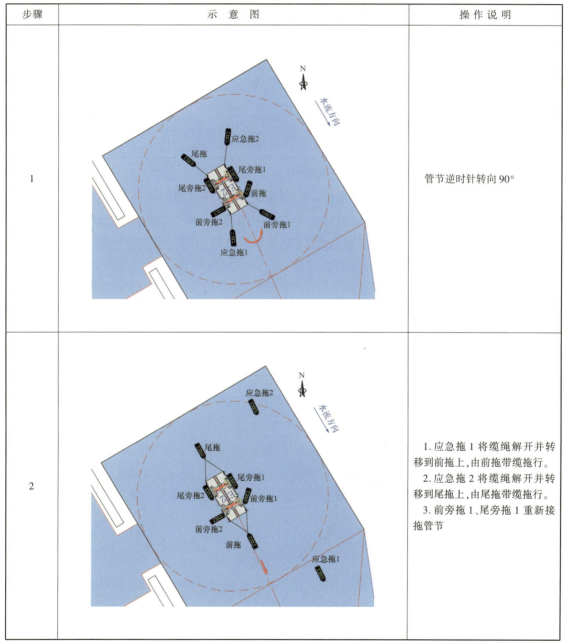

步骤	示意图	操作说明
1		管节逆时针转向90°
2		1. 应急拖1将缆绳解开并转移到前拖上,由前拖带缆拖行。 2. 应急拖2将缆绳解开并转移到尾拖上,由尾拖带缆拖行。 3. 前旁拖1、尾旁拖1重新接拖管节

续上表

步骤	示 意 图	操作说明
3		管节顺航道浮运到 NG2 灯浮

管节顺航道拖航作业难点及风险分析如下：

①按照以往的拖带经验，龙穴港池口—广州港 41 号灯浮航段沿途经常有大船停靠，而且挤占了拖轮编队的安全操作空间；航道边也常有施工挖泥船抛锚，其锚标经常抛在航道内。

②龙穴支航道粮食码头前沿水域 NG2 灯浮至 6 号灯浮之间，涨、退潮时经常有横流压向航道边，需要提高警惕。

7.5.2.7 拖轮加减速

拖轮加减速演练是演练在管节顺航道拖航时，主拖对管节航速的控制和管节的制动距离。拖轮加减速作业步骤见表 7-24。

拖轮加减速作业步骤 表 7-24

地点	示 意 图	操 作 说 明
龙穴支航道	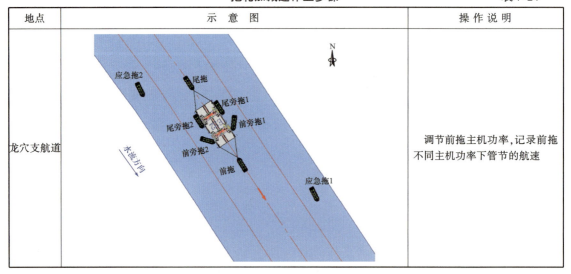	调节前拖主机功率，记录前拖不同主机功率下管节的航速

7.5.2.8 沉管进港池

管节进港池作业步骤见表7-25。

管节进港池作业步骤　　　　　　　　　　表 7-25

步骤	示　意　图	操作说明
1	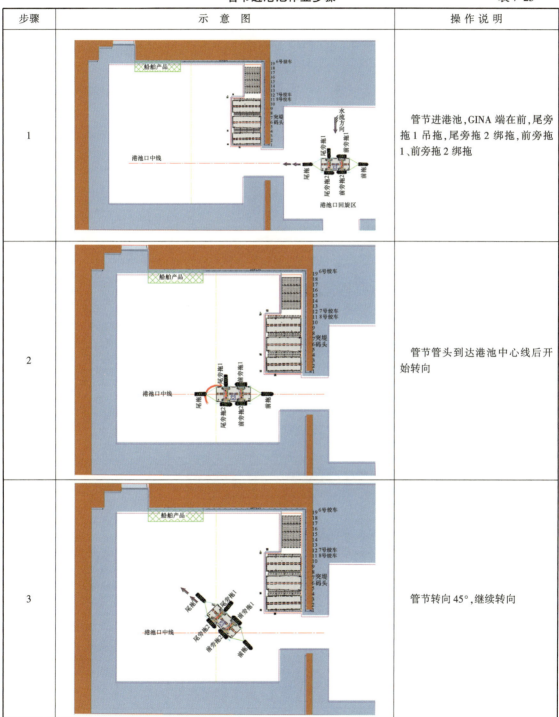	管节进港池，GINA 端在前，尾旁拖1吊拖，尾旁拖2绑拖，前旁拖1、前旁拖2绑拖
2		管节管头到达港池中心线后开始转向
3		管节转向45°，继续转向

续上表

步骤	示意图	操作说明
4		管节完成转向后,向4号码头前移
5		1.当尾拖距离4号码头约18m时,管节驻停。 2.尾拖解拖
6		1.5号、5号A、6号绞车缆绳系在管节1号缆桩上。 2.尾旁拖2解拖

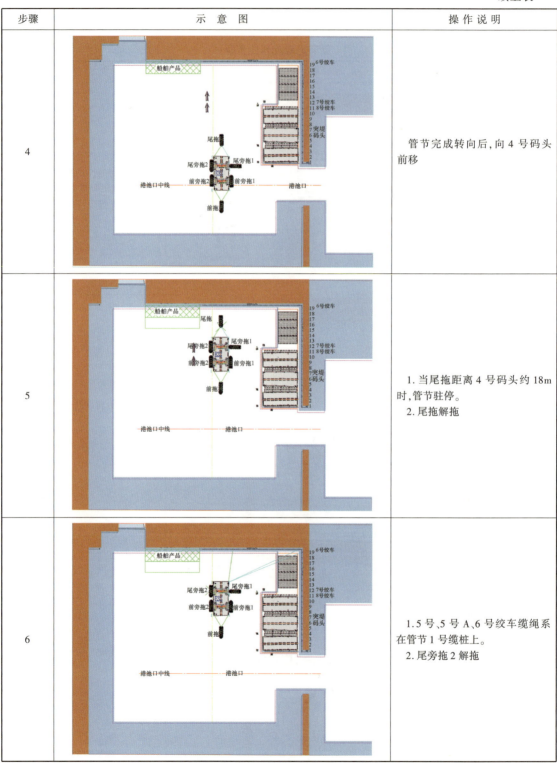

续上表

步骤	示 意 图	操作说明
7	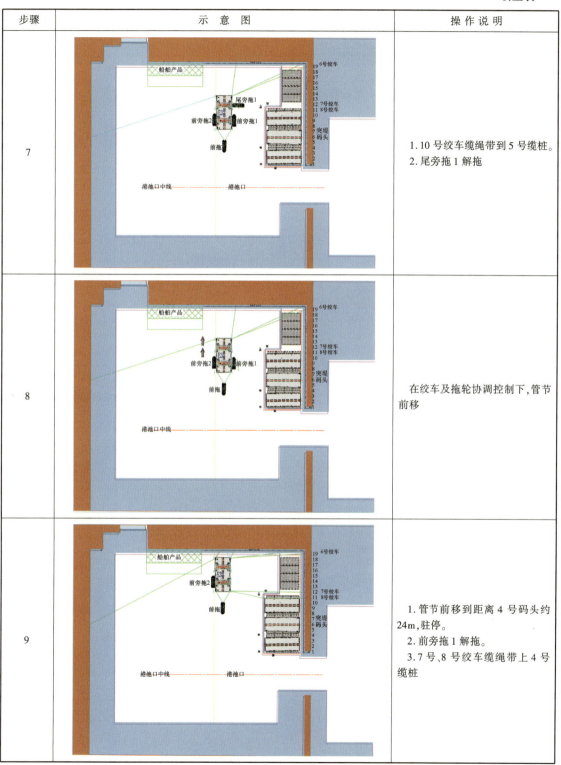	1.10号绞车缆绳带到5号缆桩。 2.尾旁拖1解拖
8		在绞车及拖轮协调控制下,管节前移
9		1.管节前移到距离4号码头约24m,驻停。 2.前旁拖1解拖。 3.7号、8号绞车缆绳带上4号缆桩

续上表

步骤	示 意 图	操 作 说 明
10		1. 管节往3号码头前移约40m，驻停。 2. 前旁拖2解拖
11		4号绞车缆绳带到8号缆桩
12		1. 管节往3号码头前移约50m，驻停。 2. 前拖解拖。 3. 5号绞车缆绳由1号缆桩移到5号缆桩

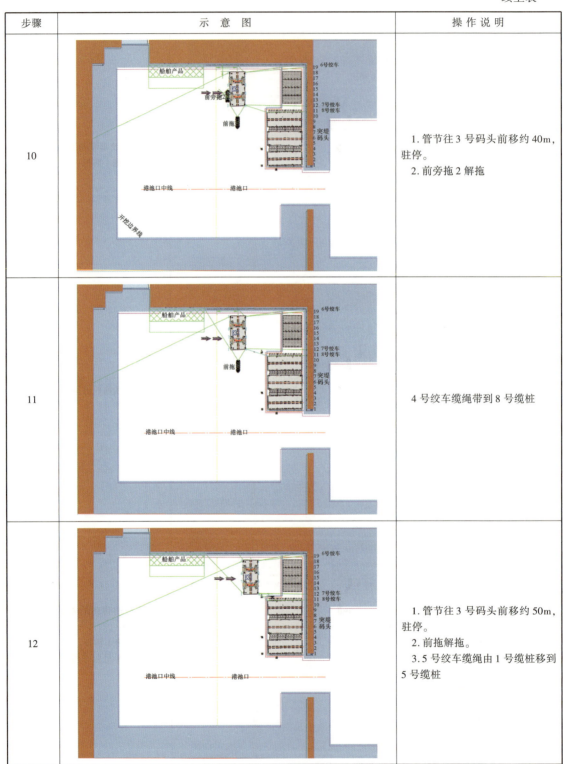

续上表

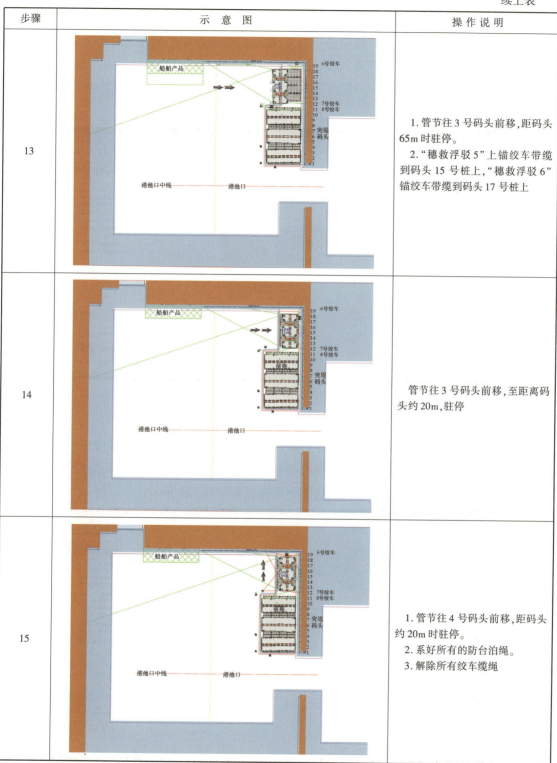

步骤	示意图	操作说明
13		1. 管节往3号码头前移,距码头65m时驻停。 2. "穗救浮驳5"上锚绞车带缆到码头15号桩上,"穗救浮驳6"锚绞车带缆到码头17号桩上
14		管节往3号码头前移,至距离码头约20m,驻停
15		1. 管节往4号码头前移,距码头约20m时驻停。 2. 系好所有的防台泊绳。 3. 解除所有绞车缆绳

7.5.3 现场演练

E32 管节提前从舾装泊位绞移至等候泊位,港池内疏浚作业船舶也已提前让清水域,港池口靠泊船舶提前清场。04:20,所有人员、拖轮就位,E32 管节从等候泊位进一步绞移至接拖泊位。移泊作业从 04:40 时开始至 04:55 时结束,用时 15min。E32 管节绞移至接拖泊位示意图如图 7-28 所示。

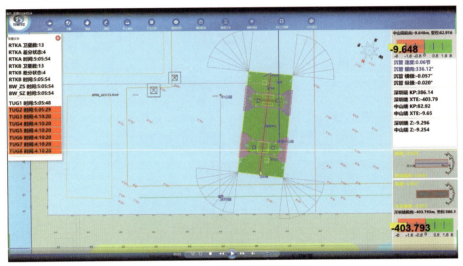

图 7-28　E32 管节绞移至接拖泊位

7.5.3.1　拖轮接拖

05:05,拖轮开始带缆,拖轮接拖顺序为前拖→前旁拖 2→前旁拖 1→尾旁拖→尾拖,同时逐条解除 E32 管节的系泊缆。接拖解缆过程整体较为顺利,从 05:05 首条拖轮开始接拖到 06:55 最后一条拖轮接拖完毕(图 7-29),整个接拖过程用时 1h50min。

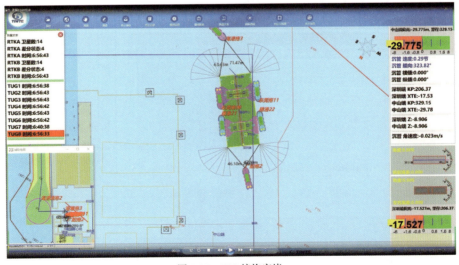

图 7-29　E32 接拖完毕

拖轮接拖过程存在的问题和改进建议如下：

①由于港池内有多条挖泥船抛锚，且本次参与作业的拖轮多达8条，所有作业船舶涌入港池后一度显得较为拥挤，且刚开始E32管节四周有多条系泊钢丝绳，解缆及解拖过程中的现场组织管理有待改善。建议今后作业拖轮先在港池口等候，等具备接拖条件后听从指挥进港接拖；实管出运时，港池内疏浚船舶应当至少提前2d完成疏浚作业，无关船舶在港池外抛锚。

②因初次带缆，发现旁拖的缆绳容易剐蹭顶推架人行通道（图7-30），所以刚开始旁拖带缆后又花了较长时间调整缆绳及防护。建议后续对人行通道的位置进行调整或者提前做好防护措施。

图7-30 缆绳剐蹭人行通道

③调整缆绳期间，个别拖轮缺少人员配合，单靠沉放驳上的带缆人员拉缆非常困难。建议后续带缆及调整缆绳布置时，拖轮必须有人员配合进行作业。

7.5.3.2 出港池口

拖轮编队接拖完毕后沿浮运中心移至港池中间，E32在拖轮配合下完成90°转向作业，正对港池口，拖轮编队基本上能将管节中轴线保持在港池中心线上。整个船组在港池内的移动速度控制在0.3kn左右，使用中等大小的拖轮拖航。因港池口实测平潮时间比预报时间提前，决策小组决定提前出港，拖船组从07：14开始调整位置正对港池口到08：00完全出港，用时46min，整个过程安全可控，出港池后未明显受到横流影响。E32管节出港作业示意图如图7-31所示。

管节出港过程存在的问题和改进建议是：实测水流平潮阶段相较预报时间提前了1h，建议后续拖带根据实测情况优化预报机制，尽量做到预报准时准确，为制订严谨的作业计划提供可靠依据。

7.5.3.3 港池口演练

港池口演练作业是本次演练最重要的环节，演练计划用时2h，实际用时3h，演练时间充足,演练科目翔实,演练过程顺利,达到了预期的演练目的。港池口演练项目主要有掉头转向演练、横流浮运演练和隧址系泊演练。

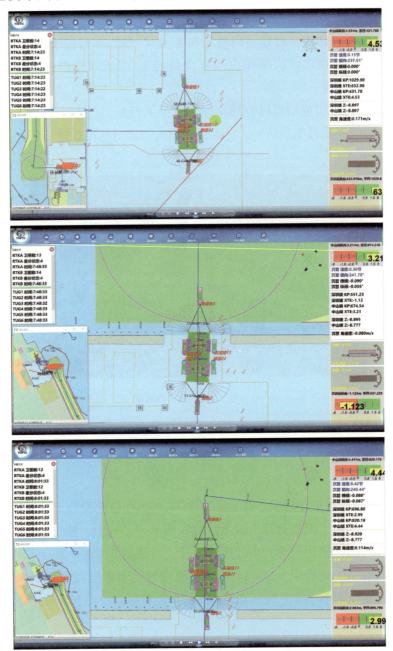

图 7-31　E32 管节出港作业示意图

7.5.3.4　转向掉头

拖轮编队出港池口后,沿浮运中心线抵达掉头区中心位置,E32 管节在拖轮配合下逆水流方向掉转 90°,随后四条旁拖稳住管节,前拖(海港拖 3)解缆,等候在旁的应急拖"龙拖 10"和

"海港消拖2"带单缆至管节端部,顶替"海港拖3"的位置;"广船拖2"解除一根左缆,左后旁拖"穗港21"带单缆至"广船拖2"原先左缆的位置,"海港拖3"最后带头缆顶替"穗港21"的位置。拖轮调整完毕后E32管节继续逆时针掉转90°,至此完成掉头作业。拖轮编队从08:10开始转向至09:00掉头完毕,合计用时50min。

转向掉头作业示意图如图7-32所示。

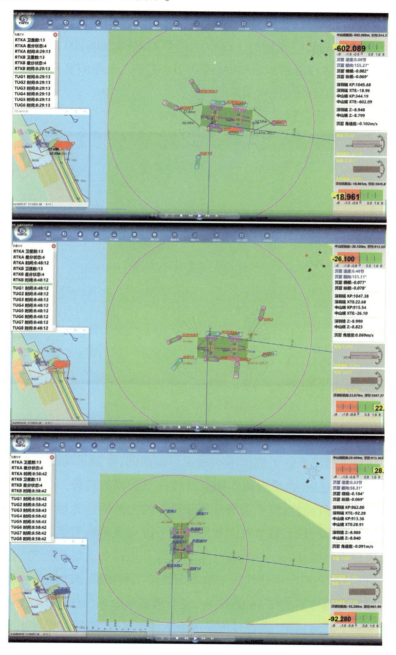

图7-32 转向掉头作业示意图

转向掉头作业存在的问题和改进建议如下:"海港拖3"船头只有一台卷扬机,解除一根缆绳后无法收回,故需要同时解除两根缆绳,增加了调整拖轮的次数,建议后续管节拖带时以"广船拖2"为主拖,另选一条艉部配备两台卷扬机的拖轮为尾拖,"海港拖3"作为旁拖。

7.5.3.5 横流浮运及隧址系泊

拖轮编队完成掉头作业后,进行横流浮运演练。由于掉头区范围较小,直线行走距离较短,横流浮运采用多次往返的方式进行。横流浮运开始时间为09:00,直至09:40,合计用时40min。拖轮编队在掉头区往返两次,平均航速0.2kn左右。拖轮编队回到掉头区中心位置后又进行了近1h的隧址系泊演练(稳船演练)。

稳船试验期间管节位置控制示意图如图7-33所示。

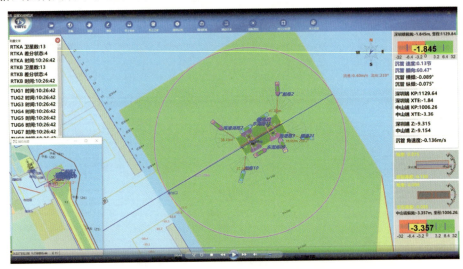

图7-33 稳船试验期间管节位置控制示意图

通过横流浮运演练及稳船演练,基本上摸清了拖轮的主机负载情况及抵御水流的能力,且对各条拖轮的用法有了更清晰的了解。本次横流浮运期间,实测平均流速为0.3m/s,最大流速为0.4m/s。管节完全打横后,受水流作用有持续往下游漂的趋势,采用了不同的拖轮配合模式以抵御水流,得到宝贵经验:位于管节首部和尾部的上游侧拖轮尽可能打横,以抵御横向水流力,旁拖协助抵御横流,位于管节首部和尾部的下游侧拖轮顺管节方向布置,以控制管节的前进速度。最大横流流速0.4m/s时,位于管节首部和尾部的上游侧拖轮、旁拖以及下游侧拖轮(合计4条)同时施力,正车半速状态下基本上能够抵御横流,较好地控制管节的位置,管节位置甚至能够控制在偏离基准线5m范围内,完全满足今后系泊作业的需求;如果只依靠位于管节首部和尾部的上游侧拖轮,或者只依靠两条下游侧拖轮,拖轮需要在正车全速情况下才能抵御横流,虽然依旧能够控制管节的位置,但拖轮主机负载已没有余量,且管节偏离基准线距离较大。

7.5.3.6 顺航道浮运

港池口演练项目完成后,按照出港池的布置调整拖轮编队,继续逆时针旋转90°,顺着航道往NG2灯浮方向拖航。顺航道浮运演练,从11:00开始至14:30回到港池口,合计用时2.5h,去程顺流拖带,平均航速为1.5kn,最大航速为1.8kn。因去程平均航速未能达到2kn,且返航顶流,担心不能赶在低平潮时返回港池口,所以去程在抵达龙穴支航道8号灯浮以后比原计划提前0.5h返航。返航期间船组顶流,平均航速为1kn,最大航速为1.2kn,按计划于低平潮抵达港池口。

通过本次顺航道浮运演练,对管节拖航的真实航速有了较准确的评估。在主拖正车全速情况下,管节实际静水拖航速度在1.3kn左右,拖轮能够按照指挥意图控制管节在浮运中线上,整个拖带平稳、可控。顺航道浮运过程存在的问题和改进建议如下:拖航期间沿途船厂停靠的大船多达3档,占用了一定的航道空间,造成紧张局面(图7-34)。后续建议加强同沿途船厂的沟通协调,减少停靠船舶。

图7-34 沿途船舶靠泊情况

7.5.3.7 进港池口

船组返回港池口后,在掉头区调整管节方向正对港池口(图7-35),拖轮控制管节在浮运中心线上,在确定管节位置可控后开始进港。刚开始,管节一直能稳定在浮运中心上,进港速度为0.5kn,但管节最前端即将抵达港池口处时,受港池口暗流作用,管节一端开始往下压,偏离中心15m左右(图7-36)。指挥组及时下令下游侧拖轮增大功率,顶住暗流作用,管节顺利进港(图7-37)。

进港池口过程的改进建议如下:进港或转向进入横流状态时,旁拖上游侧拖轮改为立拖,这样在遇到横流作用时,下游侧拖轮可以顶,上游侧拖轮可以拉,提高作业的安全余量。

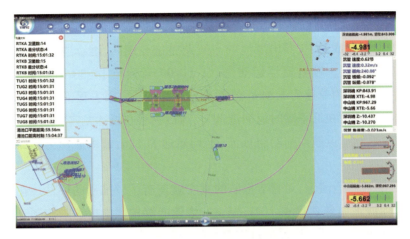

图 7-35　进港前管节正常位置示意图

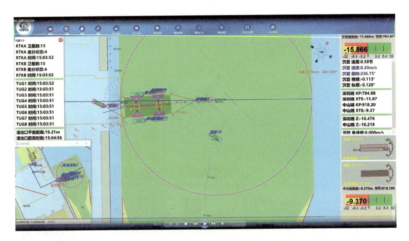

图 7-36　港池口暗流将管节往下游推示意图

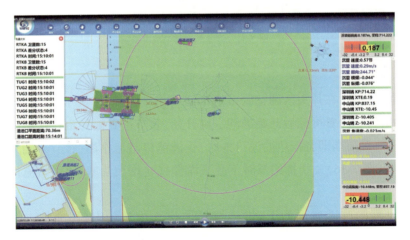

图 7-37　拖轮增大功率稳住管节并顺利进港示意图

7.6 本章小结

本章在前几章计算及模拟成果的基础上,结合试运行前的航道通航情况,制订了一套可行的管节拖航实施方案,包括管节拖航操作说明、作业难点和风险分析等。以实施方案为基础,开展了"黄船030"重载演练作业和E32管节浮运演练作业,两次作业演练结果良好,积累了丰富的实践经验。

"黄船030"重载演练过程为:演练驳船压至重载状态,拖轮在港池内接拖,沿造船基地支航道抵达广州港42号灯浮,进行顺流拖带演练;穿越伶仃航道,从广州港41号灯浮进入管节浮运航道进行斜插中段浮运;抵达掉头区进行掉头演练;穿越矾石水道进入新建东航道;抵达新建东航道横流浮运起点后即刻原路返航,模拟管节回拖。

通过重载演练,证明:导航系统是精准的辅助工具,能为指挥人员提供可信的船位数据;拖轮编队形式是合理且灵活可控的,特别是在转向掉头作业时,四条旁拖保持接拖状态,可有效缩短编队时间,也可提高安全性。指挥组人员分工合理,后续建议至少保证2人一组,协同指挥,指挥小组轮班,杜绝疲劳作业。受出港时间推迟及出港后顶流拖航的影响,前半程演练抵达管制航道时间有所推迟,但各航段内(包括管制航道)的浮运时长基本与计划时长一致或有所缩短,证明拖航方案基本可行且有余量,可为后续管节浮运提供参考。演练过程节点虽然与计划有偏差,但演练全过程中未出现其他船舶碍航、闯入的情况。此外,重载演练检验了拖轮编队的指挥体系与拖轮编队方式的可靠性,熟悉了各浮运航段的操作要点及流程,验证了浮运助航监控系统的有效性。对演练过程中碰到的问题进行梳理,形成问题汇总及改进建议,在后续的正式浮运作业过程中加以推广。

E32管节浮运演练的流程为:拖轮在港池内接拖E32管节并在港池口回旋区完成掉头和隧址系泊演练;沿造船基地支航道抵达广州港NG2灯浮,进行顺流拖带演练;以前拖作尾拖、尾拖作前拖的方式原路返航,进行管节回拖演练。积累如下经验:

①应当至少提前2d完成疏浚作业,无关船舶在港池外抛锚,以保证管节出运时港内有足够的操作空间。

②在转向掉头时,建议以配备两台卷扬机的拖轮为主拖和尾拖,拖带管节,以避免出现因只有一台卷扬机无法收回并解除缆绳而导致增加拖轮调整次数的问题,防止增加工作风险和强度。只有一台卷扬机的拖轮可作为旁拖。

③拖轮用法方面,当出现较大横向水流时,可调整位于管节首部和尾部的上游侧拖轮尽可能打横以抵御横向水流力,同时操作旁拖,协助进一步抵御横流,而位于管节首部和尾部的下

游侧拖轮顺管节方向布置以控制管节的前进速度。

④在回港环节中,建议进港或转向进入横流状态时,旁拖上游侧拖轮应改为立拖,这样可以在遇到横流作用时,由下游侧拖轮进行顶推,上游侧拖轮进行拉拽,可以提高管节拖航作业的安全余量。

第8章 总结与展望

本书以深中通道沉管隧道 S08 合同段为工程实例，围绕沉管隧道管节拖航关键技术开展研究，采用理论分析、数值模拟、物理模型试验、现场实测等方式，揭示了浮运航路及管节基槽波浪、水流时空变化规律，获取了不同区段波浪、水流的特征参数，构建了具有全向波流模拟、拖曳功能的试验平台，确定了非对称曲线变宽管节在浮运安装过程中的阻力特性和运动姿态，物理模型试验和数值模拟试验成果有力地支撑了管节浮运拖力配置、浮运沉放施工设备及航道尺度设计。

本书主要目的是对沉管隧道管节拖航关键技术内容进行整体介绍，分别就长距离复杂航路下沉管隧道管节拖航关键技术背景、数值模型模拟方案分析、物理模型方案分析、湿拖浮运作业仿真、管节下沉量计算等内容进行了论述，为深中通道沉管隧道管节在海上拖航浮运的各关键环节提供了具体的可行性分析和有效的施工方案。一是介绍当前管节拖航浮运的发展背景和深中通道工程概况。二是开展管节拖航浮运工程的物理模型试验研究，通过对水文资料的分析对比，确定工程区域的设计水位，基于现场实测资料和多年历史资料，对工程海域水动力泥沙环境、河床冲淤演变规律等进行分析，采用潮流泥沙数学模型计算和分析浇筑区、浮运航道及隧址的水流条件。三是以研究获得的边界条件为输入，考虑管节以重载状态进行拖航以及沉放的不同阶段的物理模型试验研究，得到管节在不同流向下的阻力特性和运动姿态。四是进行管节拖航纠偏运动响应数值分析研究，以数值模拟研究等多种计算方式为出发点，研究管节拖航过程中的阻力和拖航过程的运动响应，评估拖轮对管节的纠偏能力，从而精确预测管节在环境载荷和拖轮共同作用下的横向运动；分析管节 4 个底部角点的垂荡运动，从而评估航道水深是否满足通航要求；在此基础上，进一步分析拖轮编队的拖轮布置是否合理，为拖轮纠偏决策提供参考建议。五是介绍管节浮运的仿真模拟试验，根据已介绍的研究成果制订管节浮运专项施工方案，为拖轮编队的选取提供科学依据，对管节跨越各滩漕区域时流向发生转变的节点进行分析，指导现场合理的施工操作和稳定沉放系泊力的选取，配套相应的管节系泊设施（如锚块、缆索、卷扬机、滑轮组等），保证管节在沉放过程中的安全性及稳定性。六是通过试验研究，为管节浮运安装相应配套关键装备的设计与研发提供理论依据，保证装备在使用过程中的功能性、结构安全性以及适用性。七是计算管节在拖航过程中的下沉量，考虑管节预制完成后，在将管节拖运至隧址处的过程中会出现拖航航道水深较浅的情况，管节和河床之间会形成较快速度的水流，进而产生一个致使管节下沉的作用力，因此对干舷为 0.3m、水深为 12.4m 的浅水域、计算拖航速度为 2.5m/s 时的管节最大下沉量进行了计算分析，为后续拖轮配置和航道调整提供参考。八是总结了前几章的研究成果并提出了高效可行的工程方案，并以此开展管节拖航浮运演练和示范应用,通过 E32 管节实体浮运演练和"黄船030"重载演练,验证了本书研究成果的可行性和实用性,进一步完善了管节拖航浮运施工的应急保障措施。

　　长距离复杂航路下沉管隧道管节拖航关键技术研究突破了管节拖航浮运的关键技术难题,即曲线变宽管节在复杂水动力条件下的动力与运动响应机制。本书应用物理模型试验和数值模拟试验,探究、理清了曲线变宽管节在复杂航路浮运及安装过程中可能遇到的外力作用模式,并分析了各模式下异形管节的阻力特性及运动姿态规律,从而揭示了管节浮运及系泊系统的动力及运动响应机制。此外,本书还创新了拖航技术,包括复杂环境下曲线变宽管节浮运、安装模拟技术和曲线变宽管节浮运、安装配套关键设备的研发与应用。本书通过考虑动力作用方向与航道走向、基槽轴向间角度变化的多种情况,构建了具有全向波流模拟、拖曳功能的试验平台,极好地探明了非对称异形管节在浮运、安装过程中的阻力特性和运动姿态,这一技术成果对如本工程所遇的航路横跨多个浅滩、水流波浪条件复杂的海况具有极大的参考价值。考虑到拟规划航道尺寸受限、路线复杂,存在多个转角较大的拐弯点,且超宽管节在复杂海域环境下沉放过程中受水流、波浪影响而导致的响应不对称性、不规则性较明显,综合考虑安全、经济因素研发的浮运配套设备不仅解决了管节在受限复杂航路下的精确控制问题,确保管节浮运的安全性,还解决了曲线变宽管节沉放、安装的高精度对接问题。

参 考 文 献

[1] 安关峰.沉管隧道施工技术指南[M].北京:中国建筑工业出版社,2017.
[2] 陈胜.半潜驳预制沉管隧道浮运沉放关键技术及施工管理研究[D].西安:长安大学,2020.
[3] 王海峰.大型沉管管节浮运的阻力计算及方案研究[D].大连:大连理工大学,2015.
[4] 吴建成.长距离复杂航线下沉管管节拖航研究[J].现代隧道技术,2021,58(2):145-150.
[5] 黄莉莎.港珠澳沉管隧道浮运沉放关键技术研究[D].上海:上海交通大学,2018.
[6] 陈韶章.沉管隧道设计与施工[M].北京:科学出版社,2002.
[7] 梁邦炎,卢普伟.沉管隧道长大管节海上施工物理模型试验思路与结果分析[J].水运工程,2013,480(6):170-176.
[8] 胡勇前,吴刚,杨海涛.复杂工况下沉管管节浮运阻力的模型试验研究[J].地下空间与工程学报,2013,9(1):1620-1625.
[9] 朱升.沉管隧道管段浮运和沉放过程中流场和阻力特性的研究[D].北京:北京交通大学,2009.
[10] 吕卫清,吴卫国,苏林王,等.港珠澳大桥沉管隧道长大管节水动力性能试验研究[J].隧道工程,2012:865-870.
[11] 南京水利科学研究院.波浪模型试验规程:JTJ/T 234—2001[S].北京:人民交通出版社,2001.
[12] 中交第一航务工程勘察设计院有限公司.海港水文规范:JTS 145-2—2013[S].北京:人民交通出版社,2013.
[13] 中交第一航务工程勘察设计院有限公司.港口工程荷载规范:JTS 144-1—2010[S].北京:人民交通出版社,2010.
[14] DUGGAL B. OCIMF mooring equipment guidelines (MEG4)[J]. Seaways,2019(10):24-25.
[15] British Standards Institution. Maritime works—general:code of practice for planning and design for operations:BS 6349-1-1[S]. London:British Standard Institution,2013.
[16] MarCom Working Group. Criteria for movements of moored ships in harbours: a practical guide:PIANC Report 24[R]. Brussel:Association Internationale Permanentedes Congres Navigation,1995.